Die schönsten Kinderlieder
und Kinderreime

Abends,
wenn ich schlafen geh'

WIEGEN- UND ABENDLIEDER

Schlaf- und Wiegenreime
Abendgebete

Ach lieber Herre Jesu Christ

Ach lie - ber Her - re Je - su Christ, weil du ein Kind ge - we - sen bist, so
gib auch die - sem Kin - de - lein dein' Gnad' und auch den Se - gen dein! Ach
Je - - sus, Her - re mein, be - hüt das Kin - de - lein.

Text: H. von Laufenberg (um 1430) · Melodie: traditionell (15. Jahrhundert)

2. Dein'r Engel Schar, die wohn' ihm bei,
   es schlaf', es wach', und wo es sei.
   Dein Geist behüt's, o Gottessohn,
   daß es verlang' der Heil'gen Kron'.
   Ach Jesus, lieber Herre mein,
   behüt dies Kindelein!

3. Nun schlaf, nun schlaf, mein Kindelein!
   Jesus soll freundlich bei dir sein.
   Er wolle, daß dir träume wohl
   und werdest aller Tugend voll!
   Ach Jesus, Herre mein,
   behüt dies Kindelein!

4. Ein' gute Nacht und guten Tag
   geb dir, der alle Ding' vermag!
   Hiermit sollst du gesegnet sein,
   du herzeliebes Kindelein.
   Ach Jesus, Herre mein,
   behüt dies Kindelein!

Nun schlaf, mein liebes Kindelein

Text: J. Matthesius (vor 1562) · Melodie: traditionell (1597)

2. Dein Vater ist der liebe Gott
und will's auch ewig sein,
der Leib und Seel' dir 'geben hat
wohl durch die Eltern dein.

3. Er send't dir auch sein Engelein
zu Hütern Tag und Nacht,
daß sie bei deiner Wiegen sein
und halten gute Wacht.

4. Damit der böse Geist kein Teil
an deinem Seelchen find':
Das bringt dir alles Christus heil,
drum bist ein selig' Kind.

5. Der Heilig' Christ, der segne dich,
bewahr' dich alle Zeit.
Sein heil'ger Nam' behüte dich,
schütz' dich vor allem Leid!

Die Blümelein, sie schlafen

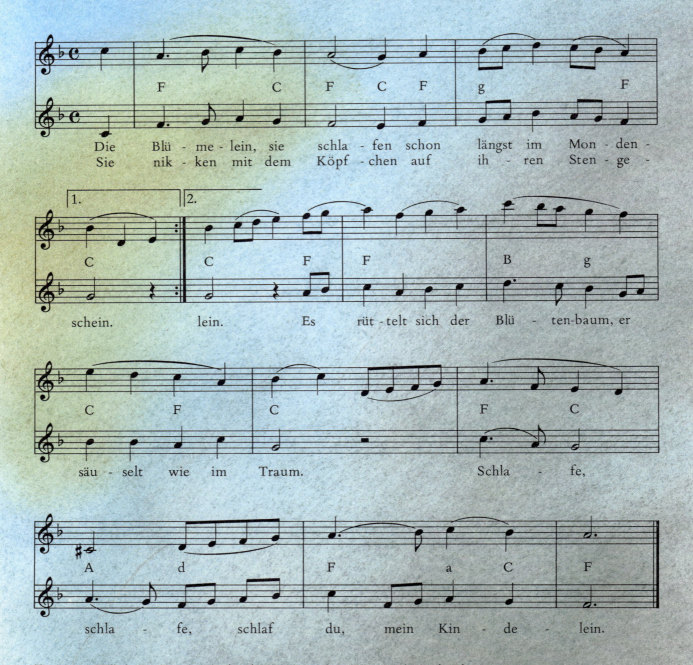

Die Blü - me - lein, sie schla - fen schon längst im Mon - den -
Sie nik - ken mit dem Köpf - chen auf ih - ren Sten - ge -

schein. lein. Es rüt - telt sich der Blü - ten-baum, er

säu - selt wie im Traum. Schla - fe,

schla - fe, schlaf du, mein Kin - de - lein.

Text: Anton Wilhelm F. v. Zuccalmaglio (1840) · Melodie: traditionell aus Frankreich (1599)

2. Die Vögelein, sie sangen
so süß im Sonnenschein.
Sie sind zur Ruh' gegangen
in ihre Nestelein.
Das Heimchen in dem Ährengrund
es tut allein sich kund.
Schlafe, schlafe,
schlafe du, mein Kindelein.

3. Sandmännchen kommt geschlichen
und guckt durchs Fensterlein,
ob irgend noch ein Kindchen
nicht mag zu Bette sein.
Und wo er nur ein Kindlein fand,
streut er ins Aug' ihm Sand.
Schlafe, schlafe,
schlaf du, mein Kindelein.

Der Mond, der scheint

Der Mond, der scheint, das Kind-lein weint, die Glock' schlägt zwölf, die

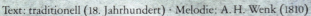

Glock' schlägt zwölf, daß Gott doch al - len Kran - ken helf'.

Text: traditionell (18. Jahrhundert) · Melodie: A. H. Wenk (1810)

2. Gott alles weiß,
das Mäuslein beißt.
Die Glock' schlägt ein,
der Traum spielt auf dem Kissen dein.

3. Die Sternlein schön
am Himmel stehn.
Die Glock' schlägt zwei,
sie gehn hinunter nach der Reih'.

4. Der Wind, der weht,
der Hahn, der kräht.
Die Glock' schlägt drei,
der Fuhrmann hebt sich von der Streu.

5. Der Gaul, der scharrt,
die Stalltür knarrt.
Die Glock' schlägt vier,
der Kutscher siebt den Hafer schier.

6. Die Schwalbe lacht,
die Sonn' erwacht.
Die Glock' schlägt fünf,
der Wandrer macht sich auf die Strümpf'.

7. Das Huhn gagackt,
die Ente quakt.
Die Glock' schlägt sechs:
Steh auf, steh auf, du faule Hex'!

8. Zum Bäcker lauf,
ein Wecklein kauf!
Die Glock' schlägt sieben:
Die Milch tu an das Feuer schieben!

9. Tu Butter 'nein
und Zucker fein!
Die Glock' schlägt acht:
Geschwind dem Kind die Milch gebracht!

Laßt uns all nach Hause gehen

Laßt uns all nach Hau - se ge - - hen,

laßt uns all nach Hau - se ge - - hen, weil die Stern' am Him - mel

ste - hen, weil die Stern' am Him - mel ste - hen.

Text und Melodie: traditionell (19. Jahrhundert)

2. Schlafen all die lieben Vöglein,
   sind so müde ihre Äuglein,
   weil die Stern' am Himmel stehen.

3. Atmen Nebel alle Felder,
   stille stehn die dunklen Wälder,
   weil die Stern' am Himmel stehen.

4. Ruht euch aus von eurer Mühe,
   Gott bewacht euch spät und frühe,
   weil die Stern' am Himmel stehen.

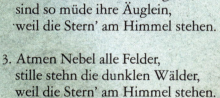

Schlaf, Kindlein, schlaf

Schlaf, Kind-lein, schlaf! Der Va-ter hüt't die

Schaf'. Die Mut-ter schüt-telt's Bäu-me-lein, da

fällt her-ab ein Träu-me-lein. Schlaf, Kind-lein, schlaf!

Text und Melodie: traditionell (17. Jahrhundert)

Kindlein mein, schlaf doch ein

Kind - lein mein, schlaf doch ein, wenn die Stern - lein
kom - men. Und der Mond kommt auch schon
wie - der an - ge - schwom - men. Ei - a, Wieg - lein, Wieg - lein
mein, schlaf, mein Kind - lein, schlaf doch ein.

Text und Melodie: traditionell (1913)

Ich hab' mir mein Kindel

Ich hab' mir mein Kin - del fein schla - fen ge - legt. Ich
hab' es mit gol - de - nen Ro - sen be - streut. Mit
gol - de - nen Ro - sen, mit wei - ßem Klee, das
Kin - del soll schla - fen bis mor - gen früh.

Text und Melodie: traditionell (1800)

Schlaf, Kindlein, schlaf

Schlaf, Kind - lein, schlaf! Der Va - ter hüt't die
Schaf'. Die Mut - ter schüt - tel's Bäu - me - lein, da
fällt her - ab ein Träu - me - lein. Schlaf, Kind - lein, schlaf!

Text: 1. Strophe traditionell (17. Jahrhundert), weitere Strophen traditionell (18. Jahrhundert)
Melodie: nach F. Reichardt (1781)

2. Schlaf, Kindlein, schlaf!
Am Himmel ziehn die Schaf':
Die Sternlein sind die Lämmerlein,
der Mond, der ist das Schäferlein.
Schlaf, Kindlein, schlaf!

3. Schlaf, Kindlein, schlaf,
so schenk' ich dir ein Schaf
mit einer goldnen Schelle fein,
das soll dein Spielgeselle sein.
Schlaf, Kindlein, schlaf!

4. Schlaf, Kindlein, schlaf,
und blök nicht wie ein Schaf,
sonst kommt des Schäfers Hündelein
und beißt mein böses Kindelein.
Schlaf, Kindlein, schlaf!

5. Schlaf, Kindlein, schlaf!
Geh fort und hüt die Schaf',
geh fort, du schwarzes Hündelein,
und weck mir nicht mein Kindelein!
Schlaf, Kindlein, schlaf!

Nun wollen wir singen das Abendlied

Nun wol- len wir sin- gen das A - bend-

lied und be - ten, daß Gott uns be - hüt'.

Text und Melodie: traditionell (19. Jahrhundert)

⌢ = Schlußton bei der letzten Strophe.

2. Es weinen viel Augen wohl jegliche Nacht,
bis morgens die Sonne erwacht.

3. Es wandern viel Sternlein am Himmelsrund,
wer sagt ihnen Fahrweg und Stund'?

4. Daß Gott uns behüt', bis die Nacht entflieht,
kommt singet das Abendlied.

Schlaf, Kindchen, feste

Schlaf, Kind - chen, fe - ste, wir krie - gen frem - de Gä - ste. Die Gä - ste, die da kom - men drein, das sind die lie - ben En - ge - lein. Schlaf, Kind - chen, fe - ste.

Text und Melodie: traditionell (19. Jahrhundert)

Wenn die Kinder müde sind,
gehen sie ins Bett geschwind.
Und ein kleines Vögelein
singt in tiefen Schlaf sie ein.

Macht die Säge: siege-sage,
macht die Wiege: wiege-wage.
Wiege-wage macht der Wind,
in der Wiege schläft mein Kind.

Eia popeia, was raschelt im Stroh?
Die Gänslein gehn barfuß
und haben kein' Schuh'.
Der Schuster hat's Leder,
kein' Leisten dazu:
drum kann er den Gänslein
auch machen kein' Schuh'.

Husche, husche, husche,
unsere Katz' heißt Musche,
unser Hund heißt Kunterbunt,
schlaf, mein Kindchen, schlaf gesund.

Stille, kein Geräusch gemacht!
Seid nun alle still,
weil mein Kindlein schlafen will.
Stille, kein Geräusch gemacht!

ABENDS,
WENN ICH SCHLAFEN GEH'

Abends, wenn ich schlafen geh',
vierzehn Engel mit mir gehn,
zwei zu meiner Rechten,
zwei zu meiner Linken,
zwei zu meinen Häupten,
zwei zu meinen Füßen,
zwei, die mich decken,
zwei, die mich wecken,
zwei, die mich weisen
in das himmlische Paradeise.

Schlaf, mein kleines Mäuschen,
schlaf bis morgen früh,
bis der Hahn im Häuschen
ruft sein Kikeriki.

Will mich in mein Bettchen legen,
denn ich sehne mich nach Ruh';
decke, Gott, mit Deinem Segen
mich und meine Eltern zu.
Schicke Deine Engelein
in mein stilles Kämmerlein!

Tu die Äuglein zu, mein Kind,
denn draußen weht ein arger Wind.
Will das Kind nicht schlafen ein,
bläst er in das Bett hinein,
bläst uns alle Federn raus,
bläst endlich noch die Augen aus!

WER HAT DIE SCHÖNSTEN SCHÄFCHEN?

Wer hat die schönsten Schäfchen?
Die hat der goldne Mond,
der hinter unsern Bäumen
am Himmel droben wohnt.

Dort weidet er die Schäfchen
auf seiner blauen Flur,
denn all die weißen Sterne
sind seine Schäfchen nur.

Und soll ich dir eins bringen,
so darfst du niemals schrein,
mußt freundlich wie die Schäfchen
und wie der Schäfer sein.

Hoffmann von Fallersleben

Schlaf, Kindel, in dem Kißchen!
Äpfel, Pflaumen und Nüßchen,
Zuckerkuchen und Mandelkern
essen kleine Kindeln gern.

Ich wünsch' gute Nacht,
von Rosen ein Dach,
von Zimt eine Tür,
von Rosmarin einen Riegel dafür.

Nun geh' ich, lieber Gott, zur Ruh'
und schließe froh die Augen zu.
Für alles Gute Dank ich sag',
das du mir gabst an diesem Tag.
Weil du mein lieber Vater bist,
bleib bei mir, bis es Morgen ist.

Guter Vater im Himmel, Du,
meine Augen fallen zu;
will mich in mein Bettchen legen,
gib nun Du mir Deinen Segen,
lieber Gott, das bitt' ich Dich:
Bleib bei mir, und schütze mich!

WIEGENLIED

Schlaf und träume, liebes Kind,
träume, daß die heiligen Engel,
Kinder Gottes ohne Mängel,
deine Spielgesellen sind.

Schlaf und träume, liebes Kind,
daß die Kinder hier auf Erden
sterblich sind und Engel werden,
wenn sie fromm gewesen sind.

Johann Wilhelm Ludwig Gleim

EIA, BEIA, WIEGENSTROH

Eia, beia, Wiegenstroh,
schläft mein Kindlein, bin ich froh.
Eia, beia, Wiegenstoß,
übers Jahr ist's Kindlein groß.

Daß es ja recht ruhig schlaf',
sing' ich ihm vom kleinen Schaf,
sing' ich ihm vom Wichtelgansel
mit dem kleinen Wackelschwanzel.

Eia, beia, Wiegele,
auf dem Dach sind Ziegele,
auf dem Dach sind Schindele,
b'hüt' mir, Gott, mein Kindele.

In mein Bettchen leg' ich mich,
meinem Gott befehl' ich mich,
alle Abend, alle Morgen
wird er mich gewiß versorgen.

Schlaf, mein Waberl, in guter Ruh',
drück du deine zwei Äuglein zu.
Drück sie zu, mach's nimmer auf,
bis ich komm' und weck' dich auf.

Hör, mein Kindele, was soll ich dir singen?
Äpfel und Birn' soll der Vater mitbringen,
Pflaumen, Rosinen und Feigen.
Mein Kindele soll schlafen und schweigen!

Schlaf, mein Kindchen, sieben Stund',
bis dein Vater wiederkummt.
Vater ist in'n Wald gegangen,
will dem Kindchen Vögel fangen.
Schlaf, mein Kindchen, sieben Stund!

Jetzt leg' ich mich schlafen,
sechs Engel bei mir wachen,
zwei beim Kopf,
zwei bei den Füßen,
zwei neben mein,
im Namen Gottes schlaf' ich ein.

Schaukel, schaukel, Wind,
ich schaukele mein Kind.
Muß es fein und sachte wiegen,
könnt' sonst aus der Wiege fliegen.

Gott wiegt die Erde sanft und lind,
schlaf ein, schlaf ein, mein liebes Kind,
verträume süß die Erdennacht;
in goldner Träume Sternenpracht
mag tiefer Friede um dich sein.
Gott wiegt so süß. Schlaf ein, schlaf ein!

Wenn die Kinder schlafen ein,
wachen noch die Sternelein,
und es steigen Engelein
aus dem Himmel blau und rein,
halten dann die ganze Nacht
bei den frommen Kindern Wacht.

Schlaf, mein Kindchen, süße!
Ich wiege dich mit den Füßen,
ich wiege dich mit dem gelben Schuh.
Schlaf und tu die Augen zu!

Guten Abend, gut' Nacht,
mit Rosen bedacht,
mit Näglein besteckt,
schlupf unter die Deck'.
Morgen früh, wenn Gott will,
wirst du wieder geweckt.

Schlafe, liebe Kleine,
die Kirchturmuhr schlägt neune.
Lange schon ist Schlafenszeit
für die Kinder weit und breit.
Schlafe, liebe Kleine.

MÜDE BIN ICH, GEH' ZUR RUH'

Müde bin ich, geh' zur Ruh',
schließe beide Äuglein zu;
Vater, laß die Augen dein
über meinem Bette sein!

Hab' ich Unrecht heut' getan,
sieh es, lieber Gott, nicht an!
Deine Gnad' und Jesu Blut
macht ja allen Schaden gut.

Alle, die mir sind verwandt,
Gott, laß ruhn in deiner Hand.
Alle Menschen, groß und klein,
sollen dir befohlen sein.

Kranken Herzen sende Ruh',
nasse Augen schließe zu;
laß den Mond am Himmel stehn
und die stille Welt besehn!

Luise Hensel

Eia popeia, ist das eine Not!
Wer schenkt mir ein' Heller
zu Zucker und Brot?
Verkauf ich mein Bettlein
und leg mich aufs Stroh,
sticht mich keine Feder
und beißt mich kein Floh.

SCHLUMMERLIEDCHEN

Schlaf, Kindlein, schlaf!
Es war einmal ein Schaf.

Das Schaf, das ward geschoren,
da hat das Schaf gefroren.

Da zog ein guter Mann
ihm seinen Mantel an.

Jetzt braucht's nicht mehr zu frieren,
kann froh herumspazieren.

Schlaf, Kindlein, schlaf!
Es war einmal ein Schaf.

Christian Morgenstern

Heiliger Sankt Veit,
weck mich zur rechten Zeit,
nicht zu früh und nicht zu spät,
wenn die Glocke achte schlägt.

WIEGENLIED

Singet leise, leise, leise,
singt ein flüsternd Wiegenlied,
von dem Monde lernt die Weise,
der so still am Himmel zieht.

Singt ein Lied so süß gelinde,
wie die Quellen auf den Kieseln,
wie die Bienen um die Linde
summen, murmeln, flüstern, rieseln.

Clemens Brentano

Gehorsamer Diener!
Was machen Ihre Hühner?
Legen sie brav Eier?
Hat die Magd auch Freier?
Was macht denn Ihr Hund?
Ist die Katze noch gesund?
Was macht der Herr Sohn?
Ist er auf und davon?
Sagt, ich laß ihn grüßen
vom Kopf bis zu den Füßen,
von den Füßen bis zum Bauch,
eine gute Nacht wünsch' ich auch.

Es regnet, es regnet,
es geht ein kalter Wind.
Da schlafen alle Vögelein
und auch die guten Kind.

Schlaf, Kindlein, balde!
Die Vöglein fliegen im Walde,
sie fliegen den Wald wohl auf und nieder
und bringen dem Kind den Schlaf bald wieder.
Schlaf, Kindlein, balde!

Meine Augen fallen zu.
Lieber Gott, gib süße Ruh!
Deine Engel halten Wacht,
gib mir eine gute Nacht!

Eia popeia, was soll ich euch sagen,
Vater kauft einen goldenen Wagen,
ein' goldnen Wagen, sechs Schimmel drein,
und du, mein Bub, wirst Fuhrmann sein.

Wer sitzt auf
diesem hohen Thron?

MÄRCHEN- UND RÄTSELLIEDER

Erzählverse, Lügenmärchen
und Rätsel

Ich ging einmal nach Buschlabeh

Ich ging ein - mal nach Busch-la - beh, Busch-la - beh, Busch-la - beh.
In Busch-la - beh ein gro - ßer See,
Und in dem See ein He - xen-haus, He - xen-haus, He - xen-haus,
da guk - ken vie - le He - xen raus,

gro - ßer See.
He - xen raus.

Die er - ste sprach: Komm, iß bei mir,
Die zwei - te sprach: Komm, trink bei mir,
Die drit - te sprach: Komm, schlaf bei mir,
Die drit - te sprach: Komm, schlaf bei mir,

iß bei mir, iß bei mir!
trink bei mir, trink bei mir!
schlaf bei mir, schlaf bei mir!

schlaf bei mir!

Die vier - te nahm ein'n
und warf ihn auf mein
Da schrie ich: Au, o
Ich geh nicht mehr nach

Zie - gel - stein, Zie - gel - stein, Zie - gel - stein
we - hes Bein, we - hes Bein.
weh, o weh, weh o weh, weh o we, weh o weh!
Busch-la - beh, Busch-la - beh, Busch-la - beh, Busch-la - beh.

Text und Melodie: traditionell (19. Jahrhundert)

Ein Männlein steht im Walde

Ein Männ-lein steht im Wal-de ganz still und stumm. Es hat von lau-ter Pur-pur ein Mänt'-lein um. Sagt, wer mag das Männ-lein sein, das da steht im Wald al-lein mit dem pur-pur-ro-ten Män-te-lein?

Text: Hoffmann von Fallersleben (1843) · Melodie: traditionell (um 1800)

2. Das Männlein steht im Walde
   auf einem Bein
   und hat auf seinem Haupte
   schwarz' Käpplein klein.
   Sagt, wer mag das Männlein sein,
   das da steht im Wald allein
   mit dem kleinen schwarzen Käppelein?

Dornröschen war ein schönes Kind

Dorn - rös - chen war ein schö - nes Kind, schö - nes Kind,

schö - nes Kind. Dorn - rös - chen war ein schö - nes Kind, schö - nes Kind.

Text und Melodie: traditionell (19. Jahrhundert)

2. Da kam die böse |: Fee herein. :|

3. Dörnröschen nimm dich |: ja in acht. :|

4. „Dörnröschen du sollst |: sterben." :|

5. Da kam die gute |: Fee herein. :|

6. „Dornröschen du sollst |: schlafen." :|

7. Da schliefen alle |: hundert Jahr. :|

8. Da kam der holde |: Königssohn. :|

9. „Wach auf, du holdes |: Mägdelein." :|

10. „Und morgen soll die |: Hochzeit sein." :|

11. Da woll'n wir alle |: lustig sein. :|

Spielregel: Die Kinder gehen singend im Kreise. In der Mitte steht Dornröschen mit ihrer Dienerschaft.
Die gute und böse Fee mit dem Königssohn stehen außerhalb des Kreises und betreten ihn,
wenn sie handeln und dabei ihre Strophe singen. Während des Singens der Einzelpersonen bleibt der
Kreis stehen. Zum Schluß tanzen alle Kinder paarweise.

Will ich in mein Gärtlein gehn

Will ich in mein Gärt-lein gehn, will mein' Zwie-beln gie-ßen,

steht ein buck-lig Männ-lein da, fängt gleich an zu nie-sen.

Text und Melodie: traditionell (18. Jahrhundert)

4. Will ich auf mein'n Boden gehn,
will mein Hölzlein holen,
steht ein bucklig Männlein da,
hat mir's halber g'stohlen.

5. Will ich in mein'n Keller gehn,
will mein Weinlein zapfen,
steht ein bucklig Männlein da,
tut mir'n Krug wegschnappen.

6. Setz ich mich ans Rädlein hin,
will mein Fädlein drehen,
steht ein bucklig Männlein da,
läßt das Rad nicht gehen.

2. Will ich in mein Küchel gehn,
will mein Süpplein kochen,
steht ein bucklig Männlein da,
hat mein Töpflein brochen.

3. Will ich in mein Stüblein gehn,
will mein Müslein essen,
steht ein bucklig Männlein da,
hat's schon halber 'gessen.

7. Geh ich in mein Kämmerlein,
will mein Bettlein machen,
steht ein bucklig Männlein da,
fängt gleich an zu lachen.

8. Wenn ich an mein Bänklein knie,
will ein bißchen beten,
steht das bucklig Männlein da,
fängt gleich an zu reden:

C G C d a e a e a d G C

Lie - bes Kind-lein, ach, ich bitt': Bet fürs buck-lig Männ-lein mit.

Der Kuckuck und der Esel

Der Kuk - kuck und der E - sel, die hat - ten ein - mal Streit: Wer wohl am be - sten sän - ge, wer wohl am be - sten sän - ge zur schö - nen Mai - en - zeit, zur schö - nen Mai - en - zeit.

Text: Hoffmann von Fallersleben (1835) · Melodie: Karl Friedrich Zelter (1810)

2. Der Kuckuck sprach: „Das kann ich",
und fing gleich an zu schrein.
„Ich aber kann es besser",
fiel gleich der Esel ein.

3. Das klang so schön und lieblich,
so schön von fern und nah.
Sie sangen alle beide:
„Kuckuck, kuckuck, ia."

34

Sieben kleine Bären

Sie - ben klei - ne Bä - ren gin - gen trip - pel - trap - pel durch den —,

sie - ben klei - ne Bä - ren gin - gen trip - pel - trap - pel durch den Wald.

Text: Josef Guggenmos (1973) · Melodie: Heinz Lemmermann (1973)
Aus: Die Zugabe, Band 3, Neue Lieder und Songs, © Fidula-Verlag, Boppard/Rhein

Sprechen:
2. Und hielten sich brav bei den Vordertatzen.
Da standen sieben kleine Katzen
bei einer Pappel am Bach
und sagten: „Ach wären wir drüben, miau!"
Kehrreim singen.

Sprechen:
3. Da nahmen die sieben kleinen Bären
die sieben kleinen Katzen auf ihren Rücken
und sagten: „Wir sind stark, es wird uns schon glücken."
Die Katzen machten die Augen zu vor Ängsten,
und der kleinsten war es am bängsten.
Kehrreim singen.

Sprechen:
4. Als sie am anderen Ufer waren, sagten die
sieben Kätzlein artig das Sätzlein: „Wir danken schön!"
„Es ist gern geschehn!" erklärten die Bären
und meinten auch: „Ja, wenn wir nicht wären!"
Kehrreim singen.

Hänsel und Gretel

Hän - sel und Gre - tel ver - irr - ten sich im Wald.

Es war schon fin - ster und drau - ßen bit - ter kalt. Sie

ka - men an ein Häus - chen von Pfef - fer - ku - chen fein:

Wer mag der Herr wohl von die - sem Häus - chen sein?

Text und Melodie: traditionell (20. Jahrhundert)

2. Sieh, da schaut eine garst'ge Hexe raus,
sie lockt die Kinder ins kleine Zuckerhaus.
Sie stellet sich so freundlich,
o Hänsel, welche Not!
Sie will dich braten
und backt dazwischen Brot!

3. Und als die Hexe ins Feuer schaut hinein,
wird sie gestoßen von unserm Gretelein.
Die Hexe muß jetzt braten,
wir Kinder gehn nach Haus.
Nun ist das Märchen
von Hänsel, Gretel aus.

Zehn kleine Negerlein

Zehn klei-ne Ne-ger-lein, die gin-gen in ei-nen Hain, der
Neun klei-ne Ne-ger-lein, die ha-ben ein-mal ge-lacht, der

ei-ne hat sich auf-ge-hängt, da wa-ren's nur noch neun.
ei-ne hat sich tot-ge-lacht, da wa-ren's nur noch acht.

Ein klein, zwei klein, drei klein, vier klein, fünf klein Ne-ger-lein,

sechs klein, sieb'n klein, acht klein, neun klein, zehn klein Ne-ger-lein___.

Text und Melodie: traditionell (19. Jahrhundert)

2. Acht kleine Negerlein, die gingen mal Kegelschieben,
   der eine hat sich totgeschoben, da waren's nur noch sieben.
   Sieben kleine Negerlein, die gingen zu einer Hex',
   der eine wurde totgehext, da waren's nur noch sechs.

3. Sechs kleine Negerlein gerieten in einen Sumpf,
   da ist der eine steckenblieben, da waren's nur noch fünf.
   Fünf kleine Negerlein, die gingen einmal zum Bier,
   der eine hat sich totgetrunken, da waren's nur noch vier.

4. Vier kleine Negerlein erhoben ein Geschrei,
   der eine hat sich totgeschrien, da waren's nur noch drei.
   Drei kleine Negerlein, die gingen am See vorbei,
   da kam ein großer Hecht geschwommen, da waren's nur noch zwei.

5. Zwei kleine Negerlein, die gingen zu einem Schreiner,
   der eine hat sich in'n Sarg gelegt, da war es nur noch einer.
   Ein kleines Negerlein, das fuhr mal in 'ner Kutsch',
   da ist es hinten rausgerutscht, da war'n sie alle futsch.

DIE KÄFERHOCHZEIT

Der Käfer und die Fliege,
die wollten einander kriege.
Die Fliege wollt' zum Bade gehn,
sieben Mägde mußten mit ihr gehn.
Die erste sollt' tragen die Seife,
die andre sollt' sie schweife,
die dritte trug das Wasser,
die vierte sollt' sie wasche,
die fünfte trug ein' Badestuhl,
die sechste trug ein neu' Paar Schuh'.
Wo ist die siebte, die goldne Mück',
daß sie mir wäscht den schneeweißen Rück',
daß sie mir wäscht die schneeweiße Haut?
Auf'n Sonntag bin ich des Käfers Braut.
Jetzt war die Braut im Bad ersoffen,
kein' Hilf', die war da mehr zu hoffen.
Der Käfer kreucht' übern Steg hinweg,
da kommt der Hahn und frißt ihn weg.
Da ist nun Braut und Bräutigam tot,
da ist die Freundschaft in großer Not.

FINK UND FROSCH

Im Apfelbaume pfeift der Fink
sein: pinkepink!
Ein Laubfrosch klettert mühsam nach
bis auf des Baumes Blätterdach
und bläht sich auf und quackt: „Ja ja!
Herr Nachbar, ick bin och noch da!"

Und wie der Vogel frisch und süß
sein Frühlingslied erklingen ließ,
gleich muß der Frosch in rauhen Tönen
den Schusterbaß dazwischendröhnen.

„Juchheija heija!" spricht der Fink.
„Fort flieg' ich flink!"
Und schwingt sich in die Lüfte hoch.
„Wat!" ruft der Frosch, „dat kann ick och!"

Macht einen ungeschickten Satz,
fällt auf den harten Gartenplatz,
ist platt, wie man die Kuchen backt,
und hat für ewig ausgequackt.

Wenn einer, der mit Mühen kaum
geklettert ist auf einen Baum,
schon meint, daß er ein Vogel wär',
so irrt sich der.

Wilhelm Busch

Zu Haus ist die Maus
auf den Ofen gekrochen,
hat den Finger verstaucht,
hat das Füßchen gebrochen.

DER WETTERHAHN

Wie hat sich sonst so schön der Hahn
auf unsrem Turm gedreht
und damit jedem kundgetan,
woher der Wind geweht.

Doch seit dem letzten Sturme hat
er keinen rechten Lauf;
er hängt so schief, er ist so matt,
und keiner schaut mehr drauf.

Jetzt leckt man an dem Finger halt
und hält ihn hoch geschwind.
Die Seite, wo der Finger kalt,
von daher weht der Wind.

Wilhelm Busch

DIE FRÖSCHE IM TEICH

Ein großer Teich war zugefroren;
die Fröschlein, in der Tiefe verloren,
durften nicht ferner quaken noch springen,
versprachen sich aber, im halben Traum:
Fänden sie nur da oben Raum,
wie Nachtigallen wollten sie singen.
Der Tauwind kam, das Eis zerschmolz,
nun ruderten sie und landeten stolz
und saßen am Ufer weit und breit
und quakten wie vor alter Zeit.

Johann Wolfgang Goethe

DER HASE IM KOHL

An dem Dach viel blanke Zapfen,
in dem Schnee viel kleine Tapfen,
alle laufen nach dem Kohl!
Häschen, das gefällt dir wohl?

Nächtlich, bei des Mondes Schimmer,
sitzt es dort zu schmausen immer,
Knusperknäuschen, gar nicht faul:
Ei, du kleines Leckermaul!

Häschen ist es schlecht bekommen,
Vater hat's Gewehr genommen,
eines Abends ging es „Bumm"!
Bautz, da fiel das Häschen um!

Kannst du wohl das Ende raten?
Heute gibt es Hasenbraten,
Apfelmus mit Zimt dazu.
Ach, du armes Häschen, du! –

Heinrich Seidel

EIN HUND LIEF IN DIE KÜCHE

Ein Hund lief in die Küche
und stahl dem Koch ein Ei.
Da nahm der Koch den Löffel
und schlug den Hund entzwei.

Da kamen alle Hunde
und gruben ihm ein Grab
und setzten ihm ein' Grabstein,
darauf geschrieben ward:

Ein Hund lief in die Küche ...

und so fort

WER SITZT AUF DIESEM HOHEN THRON?

Wer sitzt auf diesem hohen Thron?
Des großen Königs großer Sohn!
Kann ich ihn mal zu sehen kriegen?
Nein, Mutter, nein!
Ich will dir auch geben ein Paar Schuh'!
Nein, Mutter, nein!
Ich will dir auch geben zwei Paar Schuh'!
Nein, Mutter, nein!
Ich will dir auch geben einen Silberring!
Nein, Mutter, nein!
Ich will dir auch geben einen gold'nen Ring!
Nein, Mutter, nein!
Ich will dir geben die halbe Welt!
Nein, Mutter, nein!
Ich will dir geben die ganze Welt!
Die Städte zerschlagen!
Die Mauern abtragen!
Die Fesseln zerbrechen!
Den König erstechen!
Sündenbock, Sündenbock,
halt dich fest an meinem Rock!
Der Tod kommt, der Tod kommt!

Ich will dir was erzählen
von der alten Mählen:
Wenn sie keine Kartoffeln hat,
kann sie keine schälen.

DER BALL DER TIERE

Mich dünkt, wir geben einen Ball!
sprach die Nachtigall.
So? sprach der Floh.
Was werden wir essen? sprachen die Wespen.
Nudeln! sprachen die Pudeln.
Was werden wir trinken? sprachen die Finken.
Bier! sprach der Stier.
Nein, Wein! sprach das Schwein.
Wo werden wir denn tanzen? sprachen die Wanzen.
Im Haus! sprach die Maus.

DER MUSIKALISCHE ESEL

Ein Knabe saß auf grünem Rasen,
schnitzt' eine Flöte sich von Rohr,
die hielt er einem Esel vor
und sprach: »Herr Esel, willst du blasen?«
Der Esel schien dazu nicht faul,
er nahm die Flöte gleich ins Maul.
Doch statt zu blasen schöne Weisen,
trieb er damit ein ander Spiel.
Und was denn? – Nun, mit Stumpf und Stiel
tat er das Instrument verspeisen.

Robert Reinick

DIE ENTEN LAUFEN SCHLITTSCHUH

Die Enten laufen Schlittschuh
auf ihrem kleinen Teich.
Wo haben sie denn die Schlittschuh her,
sie sind doch gar nicht reich?

Wo haben sie denn die Schlittschuh her?
Woher? Vom Schlittschuhschmied!
Der hat sie ihnen geschenkt, weißt du,
für ein Entenschnatterlied.

Christian Morgenstern

ZWIEGESPRÄCH

Guten Morgen, Fräulein Huhn!
Guten Morgen, Herr Hahn!
Was gedenken Sie zu tun?
Das geht Sie nichts an.
Wollen wir nicht etwas promenieren?
Danke, ich kann allein spazieren.
Sie haben wohl heute nicht gut geruht?
Oder macht's Ihnen böses Blut,
daß Sie noch keinen Regenwurm fanden?
Offen gestanden,
ich finde, Sie sind sehr aufdringlich, Sie!
Dumme Gans! Kikeriki.

Gustav Falke

DIE DREI SPATZEN

In einem leeren Haselstrauch,
da sitzen drei Spatzen, Bauch an Bauch.

Der Erich rechts und links der Franz
und mittendrin der freche Hans.

Sie haben die Augen zu, ganz zu,
und obendrüber, da schneit es, hu!

Sie rücken zusammen dicht, ganz dicht.
So warm wie der Hans hat's niemand nicht.

Sie hör'n alle drei ihrer Herzlein Gepoch.
Und wenn sie nicht weg sind, so sitzen sie noch.

Christian Morgenstern

IM LAND DER ZWERGE UND RIESEN

So ist es im Lande der Zwerge:
Ameisenhaufen sind die Berge,
das Sandkorn ist ein Felsenstück,
der Seidenfaden ist ein Strick,
die Nadel ist da eine Stange,
ein Würmchen ist da eine Schlange,
als Elefant gilt da die Maus,
der Fingerhut ist da ein Haus,
die Fenster sind wie Nadelöhre,
ein Glas voll Wasser wird zum Meere,
der dickste Baum ist dünn wie ein Haar,
ein Augenblick ist da ein Jahr.

So geht es im Lande der Riesen:
da nähen die Schneider mit Spießen,
da stricken die Mädchen mit Stangen,
da füttert man Meisen mit Schlangen,
da malen mit Besen die Maler,
da macht man wie Kuchen die Taler,
da schießt man die Mücken mit Pfeilen,
da webt man die Leinwand aus Seilen.

DAS HUHN UND DER KARPFEN

Auf einer Meierei,
da war einmal ein braves Huhn,
das legte, wie die Hühner tun,
an jedem Tag ein Ei
und kakelte, mirakelte, spektakelte,
als ob's ein Wunder sei!

Es war ein Teich dabei,
darin ein braver Karpfen saß
und stillvergnügt sein Futter fraß,
der hörte das Geschrei:
Wie's kakelte, mirakelte, spektakelte,
als ob's ein Wunder sei!

Da sprach der Karpfen: „Ei!
Alljährlich leg' ich 'ne Million
und rühm' mich des mit keinem Ton.
Wenn ich um jedes Ei
so kakelte, mirakelte, spektakelte –
was gäb's für ein Geschrei!"

Heinrich Seidel

Es war einmal ein Mann,
der hatte einen Schwamm,
der Schwamm war ihm zu naß,
da ging er auf die Straß',
die Straß' war ihm zu kalt,
da ging er in den Wald,
der Wald war ihm zu grün,
da ging er nach Berlin,
Berlin war ihm zu groß,
drum zog er wieder los
und legte sich ins Bett
und wurde dick und fett.

DIE HEINZELMÄNNCHEN

Wie war zu Köln es doch vordem
mit Heinzelmännchen so bequem!
Denn, war man faul, man legte sich
hin auf die Bank und pflegte sich.
Da kamen bei Nacht,
eh' man's gedacht,
die Männlein und schwärmten
und klappten und lärmten
und rupften und zupften
und hüpften und trabten
und putzten und schabten –
und eh' ein Faulpelz noch erwacht',
war all sein Tagewerk bereits gemacht.

Beim Bäckermeister war nicht Not,
die Heinzelmännchen backten Brot.
Die faulen Burschen legten sich,
die Heinzelmännchen regten sich
und ächzten daher
mit Säcken schwer
und kneteten tüchtig
und wogen es richtig
und hoben und schoben
und fegten und backten
und klopften und hackten.
Die Burschen schnarchten noch im Chor,
da rückte schon das Brot, das neue, vor.

Beim Fleischer ging es just so zu:
Gesell' und Bursche lag in Ruh'.
Indessen kamen die Männlein her
und hackten das Schwein die Kreuz und Quer.
Das ging so geschwind
wie die Mühle im Wind.
Die klappten mit Beilen,
die schnitzten an Speilen,
die spülten und wühlten
und mengten und mischten
und stopften und wischten.
Tat der Gesell' die Augen auf,
wapp, hing die Wurst
schon da zum Ausverkauf.

Einst hatt' ein Schneider große Pein:
Der Staatsrock sollte fertig sein.
Warf hin das Zeug und legte sich
hin auf das Ohr und pflegte sich.
Da hüpften sie frisch
an den Schneidertisch
und schnitten und rückten
und nähten und stickten
und faßten und paßten
und strichen und guckten
und rupften und ruckten.
Und eh' mein Schneiderlein erwacht',
war Bürgermeisters Rock bereits gemacht.

Neugierig war des Schneiders Weib
und macht sich diesen Zeitvertreib:
Streut Erbsen hin die andre Nacht.
Die Heinzelmännchen kommen sacht.
Eins fährt nun aus,
schlägt hin im Haus.
Die gleiten von Stufen
und plumpsen in Kufen,
die fallen mit Schallen,
die lärmen und schreien
und vermaledeien.
Sie springt hinunter auf den Schall
mit Licht: husch, husch, husch, husch! –
verschwinden all'.

O weh, nun sind sie alle fort,
und keines ist mehr hier am Ort.
Man kann nicht mehr wie sonsten ruhn;
man muß nun alles selber tun.
Ein jeder muß fein
selbst fleißig sein
und kratzen und schaben
und rennen und traben
und schniegeln und bügeln
und klopfen und hacken
und kochen und backen.
Ach, daß es noch wie damals wär'!
Doch kommt die schöne Zeit nicht wieder her.

August Kopisch

ES WOLLTEN DREI KERLS
EINEN HASEN FANGEN

Es wollten drei Kerls einen Hasen fangen,
sie kamen auf Krücken und Stelzen 'gangen,
der eine konnt' nicht hören,
der andre war blind, der Dritte stumm,
der Vierte konnt' sich nicht rühren.

Nun will ich euch singen, wie es geschah:
Der Blinde zuerst den Hasen sah
im Feld geschwind hertraben.
Der Stumme rief dem Lahmen zu,
da faßt ihn der am Kragen.

Die Donau ist ins Wasser g'fallen,
der Rheinstrom ist verbrennt.
Eine alte Frau ist drüber 'gangen,
hat sich die Füß' verrenkt.

Eine Kuh, die saß im Schwalbennest
mit sieben jungen Ziegen,
die feierten ihr Jubelfest
und fingen an zu fliegen.
Der Esel zog Pantoffeln an,
ist übers Haus geflogen,
und wenn das nicht die Wahrheit ist,
so ist es doch gelogen.

Ich saß auf einem Birnenbaum,
wollt' gelbe Rüben graben,
da kam derselbe Bauersmann,
dem diese Zwiebeln waren.

SO GEHT ES IN
SCHNÜTZELPUTZ HÄUSEL

So geht es in Schnützelputz Häusel,
da singen und tanzen die Mäusel,
da bellen die Schnecken im Häusel.
In Schnützelputz Häusel, da geht es sehr toll,
da saufen sich Tisch und Bänke voll,
Pantoffeln unter dem Bette.

So geht es in Schnützelputz Häusel,
da singen und tanzen die Mäusel,
da bellen die Schnecken im Häusel.
Es saßen zwei Ochsen im Storchennest,
die hatten einander gar lieblich getröst't
und wollen die Eier ausbrüten.

So geht es in Schnützelputz Häusel,
da singen und tanzen die Mäusel,
da bellen die Schnecken im Häusel.
Es zogen zwei Störche wohl auf die Wacht,
die hatten ihre Sache gar wohl bedacht
mit ihren großmächtigen Spießen.

So geht es in Schnützelputz Häusel,
da singen und tanzen die Mäusel,
da bellen die Schnecken im Häusel.
Ich wüßte der Dinge noch mehr zu sagen,
die sich in Schnützelputz Häusel zutragen,
gar lächerlich über die Maßen.

DES ABENDS, WENN ICH FRÜH AUFSTEH'

Des Abends, wenn ich früh aufsteh',
des Morgens, wenn ich zu Bette geh',
dann krähen die Hühner, dann gackelt der Hahn,
dann fängt das Korn zu dreschen an.
Die Magd, die steckt den Ofen ins Feuer,
die Frau, die schlägt drei Suppen in die Eier,
der Knecht, der kehrt mit der Stube den Besen,
da sitzen die Erbsen, die Kinder zu lesen.
O weh, wie sind mir die Stiefel geschwollen,
daß sie nicht in die Beine 'nein wollen!
Nimm drei Pfund Stiefel und schmiere das Fett,
dann stelle mir vor die Stiefel das Bett.

Am Brunnen vor dem Tore,
da steht ein Birnenbaum,
er trägt so süße Äpfel,
man sieht die Zwetschgen kaum.

Ein Amboß und ein Mühlenstein,
die schwammen zusammen über den Rhein,
sie schwammen also leise,
da fraß ein Frosch einen glühenden Pflug
zu Pfingsten auf dem Eise.

Ich will euch singen und nicht lügen:
Ich sah drei gebratene Hühner fliegen,
sie flogen also schnelle,
sie hatten die Bäuche zum Himmel gekehrt,
die Rücken nach der Hölle.

DUNKEL WAR'S, DER MOND SCHIEN HELLE

Dunkel war's, der Mond schien helle,
Schnee lag auf der grünen Flur,
als ein Wagen blitzesschnelle
langsam um die Ecke fuhr.

Drinnen saßen stehend Leute,
schweigend ins Gespräch vertieft,
als ein totgeschoßner Hase
auf der Sandbank Schlittschuh lief.

Und ein blondgelockter Jüngling
mit kohlrabenschwarzem Haar
saß auf einer blauen Kiste,
die rot angestrichen war.

Zwischen Brix und Komotau,
da tanzen die Ziegen auf Stelzen,
da haben die Küh' Pantoffeln an,
das sieht man wunderselten.

Sieben kleine Geißlein

Sie-ben klei-ne Geiß-lein, meck, meck, meck, meck, meck, – blie-ben ganz al-lein zu Haus, Mut-ter ging nach Fut-ter aus. „Hal-tet fein die Tü-re zu, sonst frißt euch der Wolf im Nu!" O Schreck, o Schreck, o Schreck!

Text, Melodie und Satz: Hans Poser (1958) · Aus: Märchenlieder, © Fidula-Verlag, Boppard/Rhein

2. Kam der Wolf geschlichen,
meck, meck, meck, meck, meck.
„Macht mir auf, ihr Kinderlein,
ich bin euer Mütterlein!"
„Das ist Mutters Stimme nicht!
Wolf, du bist ein schlimmer Wicht!
Geh weg, geh weg, geh weg!"

3. Lief der Wolf zum Krämer,
meck, meck, meck, meck, meck.
Kaufte ein Stück Kreide ein,
macht die Stimme hübsch und fein
und läuft in den Wald zurück.
„Geißlein freß ich sieben Stück!"
O Schreck, o Schreck, o Schreck!

4. Klopft der Wolf ans Fenster,
meck, meck, meck, meck, meck.
„Kinderlein, rasch aufgemacht!
Hab' was Feines mitgebracht!"
„Das ist Mutters Pfote nicht!
Wolf, du bist ein schlimmer Wicht!
Geh weg, geh weg, geh weg!"

5. Lief der Wolf zum Bäcker,
meck, meck, meck, meck, meck.
Streicht sich weißen Kuchenteig
auf den braunen Fuß sogleich
und läuft in den Wald zurück.
„Geißlein freß ich sieben Stück!"
O Schreck, o Schreck, o Schreck!

6. Sieben kleine Geißlein,
meck, meck, meck, meck, meck,
machten arglos auf das Tor,
huh, da stand der Wolf davor!
Alle fraß der Bösewicht,
nur das kleinste fand er nicht,
war weg, war weg, war weg.

7. Kam die Geißenmutter,
meck, meck, meck, meck, meck.
Ach, wie war der Schreck so groß!
„Wo sind meine Kinder bloß?"
Eines ist nun übrig nur,
denn es hat sich in der Uhr
versteckt, versteckt, versteckt.

8. Wolf, der schlief am Brunnen,
meck, meck, meck, meck, meck.
Kam die Mutter Geiß herbei
mit der Schere eins, zwei, drei,
schnitt ihm auf den dicken Wanst,
Geißlein kamen rausgetanzt
mit meck, meck, meck, meck, meck.

9. Große Wackersteine,
meck, meck, meck, meck, meck,
kriegt der Wolf in seinen Bauch,
darum ward er durstig auch,
bückte sich zum Wasser hin,
rummdibumms, da fiel er rin,
war weg, war weg, war weg.

Ein Ele-, Zwele-, Trelefant

Ein E - le-, Zwe - le-, Tre - le - fant spa -

zier - te durch den Wü - sten - sand, und ei - nes Ta - ges fand im Sand der

E - le - fant ein Ei. Hei schnip - pel - di - pung, hei

schnip - pel - di - peng, hei der E - le - fant ein Ei.

Text und Melodie: Hans Poser (1953) · Aus: Der Eisbrecher, © Fidula-Verlag, Boppard/Rhein

2. Der Ele-, Zwele-, Trelefant
   war von dem Anblick ganz gebannt,
   dann sagte er: „Ich bin so frei!
   Hei schnippeldipung, hei schnippeldipeng.
   Mich hungert nach dem Ei."

3. Noch zauderte das gute Tier,
   ob Ei gespiegelt oder rühr.
   Da tat das Ei 'nen kleinen Schrei,
   hei schnippeldipung, hei schnippeldipeng,
   und ging von selbst entzwei.

4. Heraus mit rosa Händchen
   schlüpft flink ein Elefäntchen,
   dem war so kalt, drum ging es halt,
   hei schnippeldipung, hei schnippeldipeng,
   hinweg zum finstern Wald.

5. Dort wuchs der kleine Elefant
   heran zum Zwele-, Trelefant.
   Und eines Tages fand im Sand,
   hei schnippeldipung, hei schnippeldipeng,
   der Elefant ein Ei.

Auf unsrer Wiese gehet was

Auf uns-rer Wie-se ge-het was, wa-tet durch die
Es hat ein schwarz-weiß Röck-lein an und trägt ro-te

Sümp-fe. Fängt die Frö-sche, schnapp, schnapp, schnapp,
Strümp-fe.

klap-pert lu-stig, klap-per-di-klapp. Wer kann das er-ra-ten?

Text: Hoffmann von Fallersleben (1843) · Melodie: traditionell (19. Jahrhundert)

2. Ihr denkt, das ist der Klapperstorch,
   watet durch die Sümpfe.
   Er hat ein schwarzweiß Röcklein an
   und trägt rote Strümpfe.
   Fängt die Frösche, schnapp, schnapp, schnapp,
   klappert lustig, klapperdiklapp.
   Nein, das ist Frau Störchin.

Brenn, brenn, Feuerlein

Brenn, brenn, Feu-er-lein! Tanz her-um auf ei-nem Bein!

Al-les Stroh spann ich zu Gold für die Mül-lers-toch-ter hold:

Heu-te back' ich, mor-gen brau' ich. Ü-ber-mor-gen

hol' ich mir der Kö-ni-gin ihr Kind! Ei, wie gut, ei, wie

gut, daß nie-mand weiß, daß ich Rum-pel-stilz-chen heiß'.

Text und Melodie: Hans Poser (1958) · Aus: Märchenlieder, © Fidula-Verlag, Boppard/Rhein

2. Wird sie Königin,
   komm' ich bald zum Schlosse hin.
   Hol' mir meinen guten Lohn:
   einen kleinen Königssohn.
   Heute back' ich ...

3. Sagt sie den Namen mir,
   lasse ich das Kindlein ihr,
   doch mit mir wär' es dann aus,
   reiß' mir Bein und Bart heraus!
   Heute back' ich ...

Wer kann das erraten?

Ohne Kopf ist es ein Tier,
mit Kopf eine Stadt.

Wesel.

Gott sieht's nie,
der König selten,
der Bauer jeden Tag.

Seinesgleichen.

Was ist fertig und wird
doch täglich gemacht?

Das Bett.

Wenn man von hundert Spatzen,
die auf dem Dach sitzen, einen schießt,
wieviele bleiben noch oben?

Keiner, sie fliegen alle weg.

Wohin will der Spatz,
wenn er über die Straße hüpft?

Auf die andere Seite.

Welcher Knecht bekommt keinen Lohn?

Der Stiefelknecht.

Welche Mutter hat keine Kinder?

Die Schraubenmutter.

Welcher Abend beginnt am Morgen?

Der Sonnabend.

Wer verdient sein Geld im Handumdrehn?

Der Drehorgelspieler.

Welcher Peter macht den meisten Lärm?

Der Trompeter.

Auf welcher Straße kann man nicht gehen?

Auf der Milchstraße.

Welchen Karren zieht kein Gaul?

Den Schubkarren.

Welches ist der kürzeste Monat?

Der Mai, er hat nur drei Buchstaben.

Welches Wasser kann man im Sieb tragen?

Gefrorenes Wasser.

Es liegt was Weißes auf dem Dach,
wenn's runterfällt, ist's gelb.

Ein Ei.

Der Blinde sah einen Hasen laufen,
der Lahme sprang ihm nach,
und der Nackende steckte ihn ein. –
Was ist das?

Eine Lüge.

Welche Uhr hat keine Räder?

Die Sonnenuhr.

Es rüttelt sich und schüttelt sich
und macht ein Häuflein unter sich.

Das Sieb.

Welches Haus ist ohne Holz und Stein?

Das Schneckenhaus.

Was tut der Storch, wenn er
auf einem Bein steht?

Er hebt das andere in die Höhe.

Welcher Hahn hat keinen Kamm?

Der Wasserhahn.

Mit welchem Auge kann man nicht sehen?

Mit dem Hühnerauge.

Erst weiß wie Schnee,
dann grün wie Klee,
dann rot wie Blut,
schmeckt allen Kindern gut.

Kirschen.

Oben spitz und unten breit,
durch und durch voll Süßigkeit.

Der Zuckerhut.

In welchen Kleidern geht die Sonne unter?

In Westen.

Lirum, Larum, Löffelstiel,
wie schreibt man das mit drei Buchstaben?

D-a-s.

Welchem Handwerker bringt
ein schlechter Absatz Vorteile?

Dem Schuster.

Wenn jemand acht Kinder hat
und dreizehn Äpfel,
und jedes Kind soll
gleich viel davon bekommen,
wie macht er das?

Er kocht Apfelbrei.

Was ist schwerer, ein Pfund Blei
oder ein Pfund Federn?

Sie sind gleich schwer.

Wieviel weichgesottene Eier
kann man nüchtern essen?

Eins.

In welchem Monat fressen die
Schafe am wenigsten?

Im Februar, der hat nur 28 Tage.

Welche Bärte wachsen nicht?

Schlüsselbärte.

Es hat einen Rücken
und kann nicht liegen;
es hat zwei Flügel
und kann nicht fliegen;
es trägt 'ne Brille
und kann nicht sehen;
es kann wohl laufen,
aber nicht gehen.

Die Nase.

Welcher Stein ist innen schwarz?

Der Schornstein.

Wohin hat Noah den ersten Nagel geschlagen?

Auf den Kopf.

Der es macht, der will es nicht,
der es trägt, behält es nicht,
der es kauft, gebraucht es nicht,
der es hat, der weiß es nicht.

Der Sarg.

Wer geht übers Wasser und wird nicht naß?

Die Sonne.

In welche Fässer kann man keinen Wein füllen?

In die vollen.

Wer spricht alle Sprachen
und behält immer das letzte Wort?

Das Echo.

Was brennt Tag und Nacht
und verbrennt doch nicht?

Die Brennessel.

Welcher Ring ist nicht rund?

Der Hering.

Königstochter, jüngste

Der Frosch:

Kö - nigs - toch - ter, jüng - ste, mach mir auf,
das du mir am küh - len Brun - nen gabst,

hal - te dein Ver - spre - chen, Brach - te dir zu - rück den
nim - mer darfst du's bre - chen.

gold - nen Ball, nimm mich nun auch zum Ge - mahl.

Text und Melodie: Hans Poser (1958) · Aus: Märchenlieder, © Fidula-Verlag, Boppard/Rhein

Der König:

2. Königstochter, jüngste, laß den Frosch
vor der Tür nicht warten,
halte, was du ihm versprochen hast
beim Brunnen kühl im Garten.
Laß den Frosch zu dir ins Kämmerlein,
soll dein Spielgefährte sein.

Alle:

3. Königstochter, jüngste, nahm den Frosch
mit in ihre Kammer.
Weil's der König so befohlen hat,
half kein Weh und Jammer,
und dort warf sie schnell mit eigner Hand
's arme Fröschlein an die Wand.

Der Prinz:

4. Königstochter, jüngste, sieh mich an,
Zauber ist gebrochen!
Bin ein schöner Prinz und heirat' dich,
wie ich hab' versprochen.
Alle meine Diener warten schon,
Hochzeit macht der Königssohn.

Trat ich heute vor die Türe

I. Trat ich heu-te vor die Tü-re, sap-per-lot, was
Tanz-te doch die Gans A-ga-the mit dem Trut-hahn

sah ich da? Cha - Cha - Cha! II. Und die Hüh-ner

und die Tau-ben mach-ten meck und schrie-en muh,

und das Pferd mit sei-nen Hu-fen klap-per-te den Takt da-zu.

Text: Christel Süssmann (1968) · Melodie: Heinz Lemmermann (1968) ·
Aus: Die Zugabe, Band 1, Neue Lieder für Kinder, © Fidula-Verlag, Boppard/Rhein

Melodie II:
1. Max, der Esel, und die Schweine
tanzten sehr vergnügt zu dritt.
Selbst die dicke Kuh Babette
wiegte sich im Walzerschritt.

Melodie II:
2. Mieze bellte, Karo schnurrte,
und die Ziege auf dem Mist
krähte sich die Kehle heiser,
weil doch heute Fastnacht ist.

Melodie I:
3. Trat ich heute vor die Türe,
sapperlot, was sah ich da?
Tanzte doch die Gans Agathe
mit dem Truthahn Cha-Cha-Cha.

Die Anna saß auf einem Stein

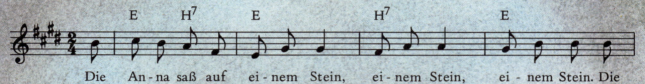

Die An-na saß auf ei-nem Stein, ei-nem Stein, ei-nem Stein. Die

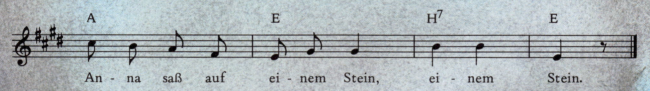

An-na saß auf ei-nem Stein, ei-nem Stein.

Text und Melodie: traditionell (19. Jahrhundert)

2. Sie kämmte sich ihr |: gold'nes Haar. :|

3. Und als sie damit |: fertig war. :|

4. Da fing sie an zu |: weinen. :|

5. Da kam ihr Bruder |: Karl herein. :|

6. „Lieb Ännchen, warum |: weinest du?" :|

7. „Ach, weil ich heut' noch |: sterben muß!" :|

8. Da kam der Jäger |: durch den Wald. :|

9. Und stach lieb Ännchen |: durch das Herz. :|

10. Da fiel sie tot zu |: Boden. :|

11. Da kamen ihre |: Eltern rein. :|

12. „Wo ist denn unser |: Ännelein?" :|

13. „Die ist schon längst |: begraben." :|

14. „Wo liegt sie denn |: begraben?" :|

15. „Hier unter diesem |: Leichenstein." :|

16. Da sprang sie wieder |: fröhlich auf. :|

Spielregel: Die Kinder gehen im Kreise und singen die Strophen 1-5, 8-11, 13, 15 und 16.
Anna sitzt im Kreis. Bruder, Jäger und Eltern stehen außerhalb des Kreises und betreten ihn,
wenn sie handeln müssen. Während sie ihre Strophen singen, steht der Kreis still.
Bei der letzten hüpfen oder tanzen alle.

Bin das tapfre Schneiderlein

Bin das tapf - re Schnei - der - lein, zie - he in die Welt hin - ein. Seht mich an! Bin ein Mann! Wer mich sieht, der sagt so - gleich: „Sie - be - ne auf ei - nen Streich!"

Text und Melodie: Hans Poser (1958) · Aus: Märchenlieder, © Fidula-Verlag, Boppard/Rhein

2. Fliegen machen viel Verdruß
auf dem süßen Pflaumenmus.
Schlag' ich zu, hab' ich Ruh'
vor dem Kribbelkrabbelzeug:
Siebene auf einen Streich!

3. Und im Walde tief versteckt
hab' die Räuber ich entdeckt.
Rin in'n Sack, Lumpenpack!
Schlag' euch alle windelweich:
Siebene auf einen Streich!

4. Riesenvolk und wilde Sau,
alles kenn' ich ganz genau!
Fing sie ein ganz allein!
Jeder sagt: „Ich dacht' es gleich!
Siebene auf einen Streich!"

5. Gibt der König mir zum Lohn
Töchterlein und Königsthron.
Überall Jubelschall!
Keiner kommt im Land mir gleich:
Siebene auf einen Streich!

Es ging ein Kind
durch den dunklen Wald

Es ging ein Kind durch den dunk-len Wald, so fin-ster und kalt, so fin-ster und kalt. Kam ein Kind in Not, hat kein Stück-lein Brot, da hat's das Kind ge-ge-ben.

2. Es ging …
Kam ein armer Mann,
hat kein Röcklein an,
da hat's das Kind gegeben.

3. Es ging …
Kam ein Büblein arm,
hat kein Strümpflein warm,
da hat's das Kind gegeben.

4. Es ging …
Kam ein andrer Bu,
der hat keinen Schuh,
da hat's das Kind gegeben.

5. Es ging …
Kam ein Mägdelein,
hat kein Hemdelein,
da hat's das Kind gegeben.

6. Da fallen die Sternlein vom Himmel herunter,
und alles ist gut, und alles ist gut.
Und das Kind hat ein neu weißes Hemdelein,

Schluß der letzten Strophe:

und hun-dert Ta-ler, hun-dert Ta-ler fal-len vom Him-mel da-rein.

Text und Melodie: Hans Poser (1958) · Aus: Märchenlieder, © Fidula-Verlag, Boppard/Rhein

Machet auf das Tor

SPIEL- UND TANZLIEDER

Kosereime, Fingerspiele, Kniereiter,
Auszählverse, Tanzspiele, Zungenbrecher, Wortspiele,
Spottverse und Scherzreime

Machet auf das Tor

Ma-chet auf das Tor, es kommt ein gold-ner Wa-gen.

Text und Melodie: traditionell (19. Jahrhundert)

2. Wer sitzt denn darin?
   Ein Mann mit roten Haaren.

3. Was will er denn?
   Er will Mariechen holen.

4. Was hat sie denn getan?
   Mariechen hat gestohlen.

5. Was ist es denn?
   Es ist ein Korb mit Kohlen.

Spielregel: Die Kinder stehen paarweise hintereinander. Durch Hochhalten der Arme und
Anfassen der Hände bilden alle Paare ein Tor, durch das das letzte Paar hindurchgeht; ihm
folgen die anderen. Nach dem Durchgang bildet jedes Paar ein neues Tor.

Ringel, Rangel, Rose

Rin - gel, Ran - gel, Ro - se, But - ter in der Do - se,

Schmalz in dem Ka - sten, mor - gen woll'n wir fa - sten,

ü - ber - mor - gen Lämm - lein schlach - ten, das soll schrei - en: "Mäh!"

Text und Melodie: traditionell (19. Jahrhundert)

Spielregel: Die Kinder bilden einen Kreis und gehen singend herum. Bei „Mäh" hocken sie sich hin.

Ist ein Mann
in'n Brunnen g'fallen

Ist ein Mann in'n Brun - nen g'fal - len,
hab' ihn hö - ren plump - sen.
Wär' der Kerl nicht rein - ge - fal - len, wär' er nicht er - trun - ken.

Text: ähnlich seit dem 16. Jahrhundert · Melodie: traditionell (19. Jahrhundert)

Spielregel: Das Lied wird gesungen, wenn Kinder Steine ins Wasser werfen.

Ist die schwarze Köchin da?

I. Ist die schwar - ze Kö - chin da? Nein, nein,

nein! Drei - mal muß ich rum - mar - schie - ren,

's vier - te Mal den Hut ver - lie - ren, 's fünf - te Mal: Komm mit!

II. Ist die schwar - ze Kö - chin da? Ja, ja, ja! Da steht sie ja, da

steht sie ja, da steht die schwar - ze Kö - chin ja! Zisch, zisch, zisch!

Text und Melodie: traditionell (19. Jahrhundert)

Spielregel: Die Kinder gehen im Kreis und singen Teil I. Ein Kind geht außen in entgegengesetzter Richtung. Bei „Komm mit!" berührt das Kind ein anderes, das ihm folgen muß.
Dies geschieht so lange, bis nur noch ein Kind übrig ist. Es wird von den anderen umsprun-
gen, dabei wird Teil II gesungen. Bei der Wiederholung geht die „schwarze Köchin" nun
außerhalb des Kreises.

Ringlein, Ringlein, du mußt wandern

Ring-lein, Ring-lein, du mußt wan-dern von dem ei-nen zu dem an-dern.

Das ist hübsch, das ist schön, laß das Ring-lein nur nicht sehn.

Text und Melodie: traditionell (19. Jahrhundert)

Spielregel: Die im Kreis sitzenden oder stehenden Kinder halten eine zusammengeknotete Schnur, an der ein Ring heimlich weitergeschoben wird. Ein Kind in der Kreismitte muß den Ring suchen. Das Kind, bei dem der Ring gefunden wird, geht in den Kreis, um beim nächsten Durchgang den Ring zu suchen.

Ein Schneider fing 'ne Maus

Ein Schnei-der fing 'ne Maus, ein Schnei-der fing 'ne Maus, ein Schnei-der fing 'ne Mau-se-maus, Mi - Ma - Mau-se-maus, ein Schnei-der fing 'ne Maus.

Text und Melodie: traditionell (19. Jahrhundert)

2. Was macht er mit der Maus?

3. Er zieht ihr ab das Fell.

4. Was macht er mit dem Fell?

5. Er näht sich einen Sack.

6. Was macht er mit dem Sack?

7. Er steckt hinein sein Geld.

8. Was macht er mit dem Geld?

9. Er kauft sich einen Bock.

10. Was macht er mit dem Bock?

11. Er reitet im Galopp.

12. Was macht er im Galopp?

13. Er fällt gleich in den Dreck!

Spielregel: Die Kinder bewegen sich, an den Händen gefaßt, im Kreis. Ein Kind, als
Schneider innerhalb des Kreises, bewegt sich in Gegenrichtung. Der Schneider führt zu jeder
Strophe die entsprechende Bewegung aus, die die Kinder ab dem 5. Takt stehend nachahmen.

Grün, grün, grün
sind alle meine Kleider

Grün, grün, grün sind al-le mei-ne Klei-der, grün, grün, grün ist al-les, was ich hab'. Dar-um lieb' ich al-les, was so grün ist, weil mein Schatz ein Jä-ger, Jä-ger ist.

Text und Melodie: traditionell (um 1800)

2. Blau, blau, blau sind alle meine Kleider,
blau, blau, blau ist alles, was ich hab'.
Darum lieb' ich alles, was so blau ist,
weil mein Schatz ein Matrose ist.

3. Weiß, weiß, weiß sind alle meine Kleider,
weiß, weiß, weiß ist alles, was ich hab'.
Darum lieb' ich alles, was so weiß ist,
weil mein Schatz ein Bäcker ist.

4. Schwarz, schwarz, schwarz sind alle meine Kleider,
schwarz, schwarz, schwarz ist alles, was ich hab'.
Darum lieb' ich alles, was so schwarz ist,
weil mein Schatz ein Schornsteinfeger ist.

5. Bunt, bunt, bunt sind alle meine Kleider,
bunt, bunt, bunt ist alles, was ich hab'.
Darum lieb' ich alles, was so bunt ist,
weil mein Schatz ein Maler ist.

Wir treten auf die Kette

Wir tre-ten auf die Ket-te, daß die Ket-te klingt.
Wir ha-ben ei-nen Vo-gel, der so lieb-lich singt.

Er singt so klar wie ein Haar, hat ge-sun-gen sie-ben Jahr.

Sie-ben Jahr sind um. Die — — dreht sich um.

Text und Melodie: nach älteren Vorbildern traditionell (19. Jahrhundert)

Spielregel: An den Händen gefaßt, gehen die Kinder im Kreis. Das aufgerufene Kind dreht sich mit dem Rücken zum Kreis und geht mit den anderen weiter. Gehen alle Kinder nach außen gekehrt, werden sie wieder aufgerufen, drehen sich um und stellen nacheinander die alte Ordnung wieder her.

Ri-ra-rutsch

Ri - ra - rutsch, wir fah-ren mit der Kutsch'. Wir fah-ren mit der

Ei-sen-bahn von — — bis nach Am-ster-dam. Ri - ra - rutsch.

Text und Melodie: traditionell (19. Jahrhundert)

Spielregel: Die Kinder bewegen sich paarweise, mit gekreuzten Armen an den Händen gefaßt. Beim letzten „Ri-ra-rutsch" bleiben sie stehen, wenden sich einander zu und ziehen die Arme im Rhythmus des Liedes vor und zurück.

Häschen in der Grube

Häs-chen in der Gru-be saß und schlief. Ar-mes Häs-lein, bist du krank, daß du nicht mehr hüp-fen kannst? Häs-chen hüpf!

Text und Melodie: F. Fröbel (1840) nach älteren, seit dem 16. Jahrhundert bekannten Vorlagen.

Spielregel: Die Kinder hocken im Kreis um das ebenfalls hockende „Häschen" herum – ein Kind, das seine Augen mit der Hand bedeckt. Bei „Häschen hüpf!" springen alle auf und laufen weg. Das Häschen fängt ein Kind, das nun Häschen wird.

Wir reisen nach Jerusalem

Wir rei-sen nach Je-ru-sa-lem, und wer will mit? Wei-ter, wei-ter, kei-ner als der Schmied.

Text und Melodie: traditionell (19. Jahrhundert)

Spielregel: Die Kinder gehen im Kreis, ein Kind außerhalb in entgegengesetzter Richtung. Beim Wort „Schmied" berührt das Kind ein anderes aus dem Kreise, das ihm nun folgen muß. Das zuletzt übrigbleibende Kind muß nun den Kreis umwandern.

Der Schaffner hebt den Stab

Der Schaff - ner hebt den Stab. Jetzt geht das Züg - lein ab. So faßt euch an! So faßt euch an! Wir fah - ren mit der Ei - sen - bahn, der Ei - sen - bahn.

Text und Melodie: Wilhelm Bender (um 1957) · © Verlag für deutsche Musik Robert Rühle, München

2. Nun schnauf, Maschine, schnauf!
   Es geht den Berg hinauf.
   So faßt euch an . . .

3. Der Kohlenwagen schwer,
   der rumpelt hinterher.
   So faßt euch an . . .

4. Der zweite schleppt's Gepäck,
   die Koffer und die Säck'.
   So faßt euch an . . .

5. Im dritten ist's bequem,
   da fahrn wir angenehm.
   So faßt euch an . . .

6. Im roten hinterdrein,
   da schmeckt das Essen fein.
   So faßt euch an . . .

7. Im blauen seid fein still,
   weil alles schlafen will.
   So faßt euch an . . .

8. Jetzt kommt der letzte dran.
   Ich winke, was ich kann.
   So faßt euch an . . .

Zu diesem Lied kann man ein
Bewegungsspiel erfinden.

Kommt ein Mäuschen,
baut ein Häuschen.
Kommt ein Mückchen,
baut ein Brückchen.
Kommt ein Floh,
der macht – so!

Man geht mit den Fingern
am Körper des Kindes hoch
und kitzelt es zum Schluß.

Sälzchen,
Schmälzchen,
Butterchen,
Brötchen,
Kribbelkrabbelkrötchen.

Man streicht beim Aufsagen
dem Kind über die Hand-
fläche und kitzelt sie zuletzt.

Da hast 'nen Taler,
geh auf den Markt,
kauf dir 'ne Kuh,
Kälbchen dazu,
Kälbchen hat ein Schwänzchen:
Dideldideldänzchen!

Man streicht bei jeder
Zeile dem Kind über
die Handfläche und kitzelt
diese zum Schluß.

Kommt ein Mäuschen,
will ins Häuschen,
da hinein, da hinein.

Man läßt die Finger über
den Arm des Kindes zum Ohr
laufen und kitzelt es.

Kinne Wippchen,
rote Lippchen,
Knubbelnäschen,
Augenbräunchen,
zupp, zupp Härchen!

Kinn, Lippen, Nase,
Augen und Haare des
Kindes werden
nacheinander berührt.

So läuft der Hase 'n Berg runter
und so wieder rauf.

Man läßt die Finger am Körper des
Kindes hinunter- und hinauflaufen.

Ohrenwippchen,
Nasenstippchen,
Augenbrämichen,
zupp, zupp Härichen.

Es werden jeweils die
Ohren, Nase, Augen und
die Haare des Kindes
berührt.

Da kommt die Maus,
da kommt die Maus:
Klingelingeling!
Ist der Herr zu Haus?

Man läuft mit den Fingern
den Arm des Kindes ent-
lang und zupft es am Ohr.

Kommt eine Maus
die Treppe rauf,
klopfet an:
„Guten Tag, Frau Nasemann!"

Man geht mit den Fingern am
Körper des Kindes hoch, klopft an
der Wange an und kitzelt es dann an
der Nase.

Einen Taler in der Hand,
kannst dir kaufen Sand und Land,
Haus und Hof, Pferd und Kuh
und ein kleines Füllen dazu.

Beim Aufsagen streicht man über die
Handfläche des Kindes.

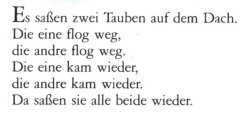

Taler,
Maler,
Küken,
Kälbchen,
Tänzchen,
Schwänzchen,
Dideldideldänzchen.

Während des Aufsagens
streicht man über die
Handfläche des Kindes
und kitzelt sie zum Schluß.

Das ist der Daumen,
der schüttelt die Pflaumen,
der liest sie auf,
der trägt sie nach Haus,
und der kleine Wicht
ißt sie alle auf.

Man faßt die Finger des
Kindes nacheinander an und
bewegt sie.

Der ist ins Wasser gefallen,
der hat ihn wieder rausgeholt,
der hat ihn ins Bett gelegt,
der hat ihn zugedeckt,
und der kleine Schelm da
hat ihn wieder aufgeweckt!

Hier sind die Zehen gemeint, die
nacheinander angefaßt und
bewegt werden.

Kommt ein Mäuschen
aus dem Häuschen.
Wo will es rasten?
Im Christian sein' Speckkasten.

Man läßt die Finger den
Körper des Kindes hin-
auflaufen und kitzelt es zum
Schluß am Hals oder im
Nacken.

Es saßen zwei Tauben auf dem Dach.
Die eine flog weg,
die andre flog weg.
Die eine kam wieder,
die andre kam wieder.
Da saßen sie alle beide wieder.

Man legt die beiden Zeigefinger auf
die Tischkante. Entsprechend dem
Text hebt man die Finger nacheinander in die Luft, dann kommen sie
wieder zurück auf die Tischkante.

Ich weiß ein Ding,
heißt Piepering,
kann gehn und drehn,
kann auf dem Kopf
nach Hause gehn.

Gemeint ist der kleine
Finger, den man über
den Tisch laufen läßt.

Der ist in den Wald gegangen,
der hat ein Häschen gefangen,
der hat es heimgebracht,
der hat es gebraten,
und der hat alles verraten.

Die Zehen des Kindes werden
nacheinander angefaßt und bewegt.

Daumen buck dich,
Zeiger streck dich,
Goldner lupf dich,
Kleiner duck dich.

Man bewegt die genannten
Finger entsprechend.

Wie das Fähnlein auf dem Turme
sich bewegt bei Wind und Sturme,
so soll sich dein Händchen drehn,
das ist lustig anzusehn.

Beim Vorsingen macht man Drehbewegun-
gen mit der Hand.

KLETTERBÜBLEIN

Steigt das Büblein auf den Baum,
ei, wie hoch, man sieht es kaum!
Schlüpft
von Ast zu Ästchen,
hüpft
zum Vogelnestchen.
Ui!
da lacht es. –
Hui!
da kracht es. –
Plumps, da liegt es drunten!

Friedrich Güll

Hoppe, hoppe, Reiter,
wenn er fällt, dann schreit er!
Fällt er in den Teich,
find't ihn keiner gleich.
Fällt er in die Hecken,
fressen ihn die Schnecken,
fressen ihn die Müllermücken,
die ihn vorn und hinten zwicken.
Fällt er in den tiefen Schnee,
dann gefällt's ihm nimmermehr,
fällt er in den Graben,
fressen ihn die Raben.
Fällt er in den Sumpf,
macht der Reiter plumps!

Schacke, schacke, Reiterpferd,
's Pferd ist nicht drei Heller wert.
Macht das Pferdchen trib, trib, trab,
fällt der kleine Junge ab.

Hopp, hopp, hopp, hopp, Reiter,
Schimmel will nicht mehr weiter,
Schimmel will nach Schwaben,
wirft den Jungen in 'n Graben.

Hopp, hopp, hopp, zu Pferde,
wir reiten um die Erde.
Die Sonne reitet hinterdrein,
wie wird sie abends müde sein.
Hopp, hopp, hopp!

Wenn die Kinder kleine sind,
reiten sie auf Knien geschwind.
Wenn sie aber größer werden,
reiten sie auf richt'gen Pferden.
Geht das Pferdchen im Galopp,
fällt der Reiter auf den Kopp.

Schacker, schacker, Reiterlein,
wenn die Kinder kleine sein,
reiten sie auf Stöckelein;
wenn sie größer werden,
reiten sie auf Pferden,
wenn sie größer wachsen,
reiten sie nach Sachsen,
wo die schönen Mädchen
auf den Bäumen wachsen.

Große Uhren gehen
tick-tack, tick-tack.
Kleine Uhren gehen
tick-tick, tack-tack,
tick-tick, tack-tack.
Und die ganz kleinen
Uhren gehen ticke-tacke,
ticke-tacke, ticke-tacke.

Reiter zu Pferd,
von Soest nach Wörth:
was hat er gebracht?
Ein Säckchen voll Mäuse,
einen Pelz voll Läuse,
ein Haus voll Kinder,
einen Stall voll Rinder,
einen Ziegenbock,
einen hölzernen Stock:
hopp hopp, hopp hopp, hopp hopp.

Hopp, hopp, hopp, hopp, Reiterlein,
wenn die Kinder kleiner sein,
reiten sie auf Stöckelein.
Wenn sie größer werden,
reiten sie auf Pferden.
Geht das Pferd in Tritt und Trab,
wirft den kleinen Reiter ab.
Bums! liegt er im Graben,
fressen ihn die Raben.

Trab, Pferdchen, trab.
Wirf den Reiter ab.
Wirf ihn in die Pfütze,
der Reiter ist nichts nütze.

Auf einem Gummi-Gummi-Berg,
da wohnt ein Gummi-Gummi-Zwerg,
der Gummi-Gummi-Zwerg
hat eine Gummi-Gummi-Frau,
die Gummi-Gummi-Frau
hat ein Gummi-Gummi-Kind,
das Gummi-Gummi-Kind
hat ein Gummi-Gummi-Kleid,
das Gummi-Gummi-Kleid
hat ein Gummi-Gummi-Loch,
und du bist es doch!

Eins, zwei, drei, vier, fünfe,
Frösche lieben Sümpfe,
aber keine Berge,
Riesen sind nicht Zwerge,
Zwerge sind nicht Riesen,
Wälder sind nicht Wiesen,
Tannen sind nicht Buchen,
wen es trifft, muß suchen.

Müllers dicke, faule Grete
saß auf einem Baum und nähte.
Plumps! – fiel sie herab:
Du bist ab.

Mein Vater kaufte sich ein Haus,
an dem Haus war ein Garten,
in dem Garten war ein Baum,
auf dem Baum war ein Nest,
in dem Nest war ein Ei,
in dem Ei war ein Dotter,
in dem Dotter war 'ne Laus,
eins, zwei, drei, und du bist raus!

Timpel, Tampel, Nagelstock,
wieviel Hörner hat der Bock?
Eins, zwei, drei, du bist frei.

Eichen, Buchen, Tannen,
du mußt fangen.
Eichen, Tannen, Buchen,
du mußt suchen!

Auf dem Berge Sinai
wohnt der Schneider Kikriki,
guckt mit seiner Brille raus,
eins, zwei, drei,
und du bist aus.

Ich und du,
Müllers Kuh,
Müllers Esel,
der bist du.

Ene mene mintzen,
wer backt Plinzen?
Wer backt Kuchen,
der muß suchen.

Ine, mine, mei,
Zucker in den Brei,
Butter in den Kuchen,
du mußt suchen.

Eine kleine Dickmadam
fuhr mit einer Eisenbahn.
Eisenbahn, die krachte,
Dickmadam, die lachte.
I, a, u, aus bist du.

Eins, zwei, drei, vier, fünf, sechs, sieben,
auf dem hohen Berge drüben
steht ein Schloß von blanken Zinnen,
wohnt ein alter Riese drinnen.
Fällt der Ries' den Berg hinab,
bricht er sich die Beine ab,
doch geht er auch ohne Bein',
kann ja zaubern! – Du sollst sein.

Mitsche Matsche Motsche Mi,
auf dem Berge Sinai
sitzt 'ne Frau und macht Pipi.
Da kommt der Schneider Meck-Meck-Meck
und nimmt der Frau den Nachttopf weg.
Mitsche Matsche Motsche Mu –
und raus bist du!

Eins, zwei, drei, vier, fünf,
strick mir ein Paar Strümpf,
nicht zu groß und nicht zu klein,
sonst mußt du der Haschmann sein.

Ene dene Tintenfaß,
geh zur Schul' und lerne was!
Wenn du was gelernet hast,
komm nach Haus und sag mir was.
Eins, zwei, drei, du bist frei!

Eins, zwei, drei, vier, fünf, sechs, sieben,
eine alte Frau kocht Rüben,
eine alte Frau kocht Speck,
und du bist weg!

Ene mene muh,
drauß bist du!
Drauß bist du noch lange nicht,
sag mir erst, wie alt du bist.

Eins, zwei, drei,
Zucker auf den Brei,
Salz auf den Speck,
du mußt weg.

1, 2, 3,
auf der Treppe liegt ein Ei.
Wer darauf tritt,
spielt nicht mehr mit.

1, 2, 3, du bist frei.
4, 5, 6, du bist 'ne Hex'.
7, 8, 9, du sollst sein.

Eins, zwei, drei, vier Finkenstein,
wer nicht will, der muß es sein.

Itzen ditzen
Silberschnitzen,
itzen ditzen daus,
und du bist drauß!

Wir sind zwei Musikanten

I. Wir sind zwei Mu - si - kan - ten und komm'n aus Schwa - ben - land.

Wir sind zwei Mu - si - kan - ten und komm'n aus Schwa - ben -

land. II. Wir kön-nen spie-len Vi - o-, Vi - o-, Vi - o - lin.

Wir kön-nen spie-len Baß, Vi - ol' und Flöt'! III. Und

wir könn'n tan - zen, hopp-sas - sa, hopp-sas - sa, hopp-sas - sa, und

wir könn'n tan - zen, hopp - sas - sa, hopp - sas - sa.

Text und Melodie: traditionell (19. Jahrhundert)

Spielregel: Teil I: Die Kinder gehen im Kreis. Zwei Kinder gehen als „Musikanten" innerhalb
des Kreises untergefaßt in entgegengesetzter Richtung. Teil II: Alle bleiben stehen, die „Musi-
kanten" gegenüber zwei Kindern; diese vier Kinder führen die Spielbewegungen aus. Teil III:
Die vier „Musikanten" hüpfen, an den Händen gefaßt, im Kreis, die anderen klatschen in die
Hände.
Bei der Wiederholung werden die in den Kreis geholten Kinder „Musikanten". Zu den
Wiederholungen kann man sich statt „Baß, Viol' und Flöt'" alle möglichen Instrumente
ausdenken.

Jetzt steigt Hampelmann

Jetzt steigt Ham-pel-mann, jetzt steigt Ham-pel-mann aus sei-nem Bett her-aus. O du mein Ham-pel-mann, mein Ham-pel-mann, mein Ham-pel-mann, o du mein Ham-pel-mann, mein Ham-pel-mann bist du.

Text und Melodie: traditionell (20. Jahrhundert)

2. Jetzt zieht Hampelmann,
   jetzt zieht Hampelmann
   sich seine Strümpfe an.
   O du mein Hampelmann . . .

3. Jetzt zieht Hampelmann,
   jetzt zieht Hampelmann
   sich seine Hose an.
   O du mein Hampelmann . . .

4. Jetzt zieht Hampelmann,
   jetzt zieht Hampelmann
   sich seine Schuhe an.
   O du mein Hampelmann . . .

5. Jetzt zieht Hampelmann,
   jetzt zieht Hampelmann
   sich seine Jacke an.
   O du mein Hampelmann . . .

Spielregel: Die Kinder stehen im Kreis, in ihm der Hampelmann. Er führt zu jeder Strophe
die passenden Bewegungen aus. Bei „O du mein Hampelmann" gehen die Kinder, an den
Händen gefaßt, im Kreis, der Hampelmann in umgekehrter Richtung.

Zeigt her eure Füße

I. Zeigt her eu-re Fü-ße, zeigt her eu-re Schuh' und se-het den flei-ßi-gen Wasch-frau-en zu.

II. Sie wa-schen, sie wa-schen, sie wa-schen den gan-zen Tag.

Text und Melodie: traditionell (19. Jahrhundert)

2. Zeigt her eure Füße ...
   Sie spülen, sie spülen, sie spülen den ganzen Tag.

3. Zeigt her eure Füße ...
   Sie wringen, sie wringen, sie wringen den ganzen Tag.

4. Zeigt her eure Füße ...
   Sie hängen, sie hängen, sie hängen den ganzen Tag.

5. Zeigt her eure Füße ...
   Sie bügeln, sie bügeln, sie bügeln den ganzen Tag.

6. Zeigt her eure Füße ...
   Sie tanzen, sie tanzen, sie tanzen den ganzen Tag.

Spielregel: Die Kinder stehen im Kreis, Rücken nach außen. Teil 1: Der linke/rechte Fuß wird im Rhythmus des Liedes vor- und zurückgesetzt. Teil II: Die entsprechenden Bewegungen werden nachgeahmt. Letzte Strophe: Paarweises Tanzen oder Hüpfen im Kreis.

Adam hatte sieben Söhne

I. A - dam hat - te sie - ben Söh - ne, sie - ben Söhn' hatt' A - dam. Sie

a - ßen nicht, sie tran - ken nicht, sie mach - ten al - le so wie ich:

II. {Mit dem Fin - ger - chen tip, tip, tip; mit dem Köpf - chen nick, nick, nick;
mit dem Füß - chen trab, trab, trab; mit dem Händ - chen klapp, klapp, klapp.}

III. {Ro - sen und Ver - giß - mein - nicht, das sind die schön - sten Pflan - zen.
Wenn es ei - ne Hoch - zeit gibt, dann wol - len al - le tan - zen.}

Text: traditionell (seit dem 16. Jahrhundert) · Melodie: traditionell (19. Jahrhundert)

Spielregel: Teil I: Die Kinder bewegen sich im Kreis.
Teil II: Sie bleiben stehen und machen die dem Text entsprechenden Bewegungen.
Teil III: Sie tanzen paarweise.

Es tanzt ein Bi-Ba-Butzemann

Text: traditionell (18. Jahrhundert, nach älteren Vorbildern) · Melodie: traditionell (19. Jahrhundert)

Widele, wedele, hinter dem Städele

Wi - de-le, we - de-le, hin - ter dem Stä - de-le

hält der Bet - tel - mann Hoch - - zeit.

Hoch - -zeit. Al - le die Tier - le, die We - de-le ha - be,

sol - le zur Hoch - zeit kom - me. Al - le die Tier - le, die

We - de-le ha - be, sol - le zur Hoch - zeit kom - - me.

Text: traditionell (16. Jahrhundert) · Melodie: traditionell (19. Jahrhundert)

2. Widele, wedele,
hinter dem Städele
hält der Bettelmann Hochzeit.
Pfeift das Mäusele,
tanzt das Läusele,
schlägt das Igele Trumme.

3. Widele, wedele,
hinter dem Städele
hält der Bettelmann Hochzeit.
Winde mer Kränzele,
tun mer a Tänzele,
laß' mer das Geigele singe.

Zum Schluß:
Widele, wedele,
hinter dem Städele
hält der Bettelmann Hochzeit.

Wir woll'n einmal spazierengehn

Wir woll'n ein - mal spa - zie - ren - gehn in
Wenn nur das wil - de Tier nicht käm! Wir

ei - nem schö - nen Gar - ten.
woll'n nicht lan - ge war - ten.

Um eins kommt's nicht, um
zwei kommt's nicht, um
drei kommt's nicht, um
vier kommt's nicht, um
fünf kommt's nicht, um
sechs kommt's nicht, um
sieb'n kommt's nicht, um
acht kommt's nicht, um
neun kommt's nicht, um
zehn kommt's nicht, um

elf, da pocht's, um zwölf, da kommt's.

Text und Melodie: traditionell (19. Jahrhundert)

Spielregel: Die Kinder spazieren paarweise und singen die Zeilen 1-11. Das „wilde Tier"
hält sich derweil versteckt. Bei „12" kommt es heraus und fängt ein Kind, das dann das
„wilde Tier" ist.

Wer will
fleißige Handwerker sehn

Wer will flei - ßi - ge Hand - wer - ker sehn,

der muß zu uns Kin - dern gehn. Stein auf Stein,

Stein auf Stein, das Häus - chen wird bald fer - tig sein.

Text und Melodie: traditionell seit dem 19. Jahrhundert

2. Wer will fleißige Handwerker sehn . . .
O wie fein! O wie fein!
Der Glaser setzt die Scheiben ein.

3. Wer will fleißige Handwerker sehn . . .
Tauchet ein! Tauchet ein!
Der Maler streicht die Wände fein.

4. Wer will fleißige Handwerker sehn . . .
Zisch, zisch, zisch! Zisch, zisch, zisch!
Der Schreiner hobelt glatt den Tisch.

5. Wer will fleißige Handwerker sehn . . .
Poch, poch, poch! Poch, poch, poch!
Der Schuster schustert zu das Loch.

6. Wer will fleißige Handwerker sehn . . .
Stich, stich, stich! Stich, stich, stich!
Der Schneider näht ein Kleid für mich.

7. Wer will fleißige Handwerker sehn . . .
Rühre fein! Rühre fein!
Der Kuchen wird bald fertig sein.

Spielregel: Die Kinder gehen im Kreis und singen die erste Liedhälfte. Bei der zweiten bleiben sie stehen, drehen sich zur Innenseite des Kreises und führen die entsprechenden Bewegungen aus.

Wollt ihr wissen, wie der Bauer

I. Wollt ihr wis-sen, wie der Bau-er sei-nen Ha-fer aus-

sät? II. Seht, so macht's der Bau-er, wenn er Ha-fer aus-sät.

Text und Melodie: traditionell (19. Jahrhundert)

2. Wollt ihr wissen, wie der Bauer
seinen Hafer abmäht?
Seht, so macht's der Bauer,
wenn er Hafer abmäht.

3. Wollt ihr wissen, wie der Bauer
seinen Hafer einfährt?
Seht, so macht's der Bauer,
wenn er Hafer einfährt.

4. Wollt ihr wissen, wie der Bauer
seinen Hafer ausdrischt?
Seht, so macht's der Bauer,
wenn er Hafer ausdrischt.

5. Wollt ihr wissen, wie der Bauer
sein Geld nachzählt?
Seht, so macht's der Bauer,
wenn er Geld nachzählt.

Spielregel: Die Kinder stehen im Kreis, Rücken nach außen.
Teil I: Der linke/rechte Fuß wird im Rhythmus des Liedes vor- und zurückgesetzt.
Teil II: Die entsprechenden Bewegungen werden nachgeahmt.

Fischers Fritze fischt frische Fische, frische Fische fischt Fischers Fritze.

Unser alter Ofentopfdeckel tröpfelt.

Ein Student in Stulpenstiefeln stolpert übern spitzen Stein.

Kraut bleibt Kraut, Brautkleid bleibt Brautkleid.

Konstantinopolitanischer Dudelsackpfeifer.

Sieben Schneeschaufler schaufeln sieben Schaufeln Schnee.

Fritz frißt frisch Fischfleisch.

Ein Kottbuser Postkutscher putzte den Kottbuser Postkutschkasten.

Der Leutnant von Leuthen befahl seinen Leuten,
nicht eher zu läuten, bis der Leutnant von Leuthen
seinen Leuten das Läuten befahl.

In Ulm, um Ulm und um Ulm herum.

Kleinkind Kleidchen kleidet klein Kind.

Zwei zischende Schlangen sitzen zwischen zwei spitzen Steinen.

Esel essen Nesseln nicht, Nesseln essen Esel nicht.

Die Katze tritt die Treppe krumm.

Hänschen, Hänschen, geig einmal,
unser Kind will tanzen,
hat ein buntes Röckchen an,
ringsherum mit Fransen.

KINDERREIGEN

Ich und du und du und du,
zweimal zwei ist vier,
tragen Kränze auf dem Kopf,
Kränze aus Papier.
Rechtsherum und linksherum,
Rock und Zöpfe fliegen,
wenn wir alle schwindlig sind,
fall'n wir um und liegen.
Purzelpatsch, wir liegen da,
purzelpurz im Grase.
Wer die längste Nase hat,
der fällt auf die Nase.

Otto Julius Bierbaum

Erst dreht sich das Weibchen,
dann dreht sich der Mann,
dann tanzen sie beide
und fassen sich an.

Ri-ra-rutsch,
wir fahren mit der Kutsch'!
In der Kutsche fahren wir,
auf dem Esel reiten wir.
Die Kutsche hat ein Loch,
wir fahren aber doch.

Petersilie, Suppenkraut
wächst in unserm Garten.
Unser Annchen ist die Braut,
soll nicht lang mehr warten.
Roter Wein, weißer Wein,
morgen soll die Hochzeit sein,
roter Wein, weißer Wein,
morgen soll sie sein.

Jammer, Jammer über Jammer,
hab' verloren meinen Sohn.
Ich will gehn, ich will sehn
und will suchen meinen Sohn.
Macht mir auf die Gartentür,
daß ich suche meinen Sohn.
Freude, Freude über Freude,
hab' gefunden meinen Sohn.

Wir treten auf die Kette,
daß die Kette klingt.
Wir haben einen Vogel,
der so lieblich singt.
Singt sogar wie ein Star,
hat gesungen sieben Jahr'.

Ringel, Rungel, Ringeltanz,
wir machen einen bunten Kranz,
wir springen alle rundherum,
wir fallen alle um und um.

Es sitzt eine Frau im Gartenhaus
mit sieben kleinen Kinderlein.
Was essen's gern? Fischelein.
Was trinken's gern? Roten Wein.
Setzt euch nieder!

Heidelbeeren, Heidelbeeren
stehn in unserm Garten.
Mutter, gib mir auch ein paar,
kann nicht länger warten.

Margritchen, Margritchen,
dein Hemdchen guckt für,
zieh's 'naufi, zieh's 'naufi,
so tanz' ich mit dir.

Ri-ra-rutsch,
wir fahren mit der Kutsch',
wir fahren mit der Schneckenpost,
wo es keinen Pfennig kost'.
Ri-ra-rutsch,
wir fahren mit der Kutsch'!

Tanz, Kindchen, tanz,
deine Schühlein sind noch ganz,
laß dir sie nit gereue,
der Schuster macht dir neue.

Eine Geige möcht' ich haben,
eine Geige hätt' ich gern!
Alle Tage spielt' ich mir
zwei, drei Stückchen oder vier,
säng' und spräng' dann lustig rum,
fiedel fum-fum, fiedel fum.

Wir woll'n die weisen Frauen fragen,
ob die Kinder sich vertragen.
Wählen Sie, wählen Sie,
welche woll'n Sie haben?
Diese, diese mag ich nicht,
diese, diese will ich nicht,
diese will ich haben
mit dem roten Kragen.

Ringel, Rangel, Rosen,
schöne Aprikosen,
Veilchen blau, Vergißmeinnicht,
alle Kinder setzen sich.
Sitzt nieder!

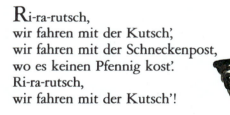

Meine Mi-, meine Ma-,
meine Mutter schickt mich her,
ob der Ki-, ob der Ka-,
ob der Kuchen fertig wär'.
Wenn er ni-, wenn er na-,
wenn er noch nicht fertig wär',
käm' ich mi-, käm' ich ma-,
käm' ich morgen noch mal her.

Eins, zwei, drei,
alt ist nicht neu,
neu ist nicht alt,
warm ist nicht kalt,
kalt ist nicht warm,
reich ist nicht arm,
arm ist nicht reich,
hart ist nicht weich,
frisch ist nicht faul,
Ochs ist kein Gaul,
sauer ist nicht süß,
Händ' sind keine Füß',
Füß' sind keine Händ',
das Lied hat ein End'.

Frau von Hagen,
darf ich's wagen,
sie zu fragen,
wieviel Kragen
sie getragen,
als sie lagen
krank am Magen
im Spital zu Kopenhagen?

Wer nichts weiß und weiß,
daß er nichts weiß,
weiß viel mehr als der,
der nichts weiß und nicht weiß,
daß er nichts weiß.

In der bimbambolischen Kirche
geht es bimbambolisch zu:
tanzt der bimbambolische Ochse
mit der bimbambolischen Kuh.
Und die bimbambolische Mutter
kocht den bimbambolischen Brei,
und die bimbambolischen Kinder
fassen mit den Fingern drein.

Lernst was, kannst was.
Kannst was, wirst was.
Wirst was, bist was.
Bist was, hast was.

Herr Demereh,
der schoß dem Reh
das Bein entzwee.
Da schrie das Reh:
„O jemine,
Herr Demereh,
das tut so weh!"

Meister Koch, Koch, Koch,
fiel ins Loch, Loch, Loch,
aber tief, tief, tief,
und er rief, rief, rief:
»Liebe Frau, Frau, Frau,
das tut weh, au, au!
Zieh mich raus, raus, raus,
aus dem Haus, Haus, Haus!«

Es saßen neun Narren
auf einem Karren.
Da brach der Karren,
da fielen die Narren.
Was Narren, was Karren!

Wenn ich einmal kein Geld mehr hab',
dann weiß ich, was ich tu:
Ich häng' der Katz' die Schelle um
und verkaufe sie als Kuh.

Wie heißt der Bürgermeister von Wesel? – Esel.
Wie heißt seine Frau?   – Sau.
Wie heißen seine Kinder?   – Rinder.
Wie heißen seine Soldaten? – Tomaten.

Heut' abend auf dem Ball
tanzt der Herr von Zwiebel
mit der Frau von Petersil:
ach, das ist nicht übel.

Ein ungleich Paar Ochsen,
eine bucklichte Kuh,
die gibt mir meine Mutter,
wenn ich heiraten tu.

Eins, zwei, drei, vier, fünf, sechs, sieben,
in der Schule wird geschrieben,
in der Schule wird gelacht,
bis der Lehrer pitsch-patsch macht.

Auf dem Berge Sinai
wohnt der Schneider Kik'riki.
Seine Frau, die alte Grete,
saß auf dem Balkon und nähte.
Fiel herab, fiel herab,
und das linke Bein brach ab.
Kam der Doktor Hinkelmann,
leimt das Bein mit Spucke an.

Ich hab' 'nen Vogel,
du hast 'nen Piep!
Meiner flog weg,
und deiner blieb!

Punkt, Punkt, Komma, Strich,
fertig ist das Mondgesicht,
und zwei Ohren noch daran,
fertig ist der Hampelmann.

Ene, mene, mule,
wir haben keine Schule.
Warum denn nicht,
warum denn nicht?
Der Lehrer hat ein Kind gekriegt!

Aua, sprach der Bauer,
die Äpfel sind sauer.
Die Birnen sind süß,
atschüs.

Laß das,
meine Mutter haßt das,
mein Vater liebt es,
bei dir piept es!

Was wollen wir machen?
Auf dem Kopf stehn und lachen!
Was wollen wir spielen?
Auf dem Kopf stehn und schielen!
Was ist los?
Dein Knopf an der Hos'!

Ich ging mal in die Stadt.
»Ich auch.«
Da kam ich an einen Laden.
»Ich auch.«
Da sah ich viele schöne Sachen.
»Ich auch.«
Da kauft' ich einen Käse.
»Ich auch.«
Der Käse, der stank.
»–«

Zu Straßburg auf der Schanz,
da verlor die Kuh den Schwanz.
Man band ihr eine Schnur daran,
damit sie wieder schwänzeln kann.

Annele Bannele, geh in den Laden,
hol für 'nen Dreier Käsemaden.
Käsemaden gibt es nicht,
Annele Bannele ärgert sich.

Der Fuchs sitzt auf dem Baume
und pflückt sich gelbe Pflaumen.
Ich sag', er soll mir eine geben,
er sagt, er will mir Steine geben.
Da nahm ich meinen weißen Stock
und schlug ihn auf den roten Kopp.

Petrus mit dem Himmelsschlüssel
haut dem Paulus auf den Rüssel.
Doch der Paulus, auch nicht faul,
haut dem Petrus auf das Maul.

Der Schneider und die Laus,
die forderten sich raus;
wäre der Floh nicht zugesprungen,
hätte die Laus den Schneider bezwungen.

Ix, Ix und ein Zett,
die Studenten sind nett,
ein Zett und ein Ix,
aber taugen tun's nix.

Die Franzosen
mit den roten Hosen,
mit den gelben Epauletten
fressen gerne Omeletten.

Sechs mal sechs ist sechsunddreißig,
und die Kinder sind so fleißig,
und der Lehrer ist so faul
wie ein alter Droschkengaul.

Ich heiß Peter, du heißt Paul,
ich bin fleißig, du bist faul.

Heute morgen früh am Tag
hat der Schneck den Schneider g'jagt.
Wär' der Schneider nit so g'sprunge,
wär' er um sein Leben kumme.

Peter –
liegt er nicht, so steht er;
liegt er nicht, und steht er nicht,
so ist es auch kein Peter nicht!

Napoleon, Napoleon,
was macht denn deine Frau?
Sie wäscht sich nicht,
sie kämmt sich nicht,
sie ist 'ne alte Sau!

Der Hansel und's Gretel
sind beide brave Leut':
Der Hansel ist närrisch
und's Gretel nit g'scheit.

Der Prediger auf der Kanzel,
der predigt wie 'ne Amsel,
und wenn er nicht mehr weiter kann,
so fängt er wieder von vorne an.

Die Zimmrer und die Maurer,
das sind die rechten Laurer.
Eine Stunde tun sie messen,
eine Stunde tun sie essen,
eine Stund' lang rauchen sie Tabak,
damit vergeht der halbe Tag.

Der Peter und der Paul,
die handeln um einen Gaul.
Da nimmt der Peter 's Wagenbrett
und haut dem Paul den Kopf hinweg.

Ilse Bilse,
niemand will se.
Kam der Koch,
nahm sie doch,
stopft sie in das Ofenloch.

Es kommt ein Herr aus Ninive

I. Es kommt ein Herr aus Ni - ni - ve. Hei - ßa vi - vi - la - tus!

Text: traditionell (seit dem 17. Jahrhundert ähnlich bekannt) · Melodie: traditionell (19. Jahrhundert)

II. Was will der Herr aus Ninive? Heißa vivilatus!
I. Er will die jüngste Tochter hab'n…
II. Was will er mit der jüngsten Tochter mach'n?…
I. Er will sie in ein Kloster tun…
II. Was soll sie in dem Kloster mach'n?…
I. Da soll sie stricken und nähen lern'n…
II. Stricken und nähen kann sie schon…
I. Da soll sie kochen und braten lern'n…
II. Kochen und braten kann sie schon…
I. Er will ihr 'n reichen Mann verschaff'n…
II. Wer soll denn dieser Mann wohl sein?…
I. Das soll wohl . . . . sein…
II. So nehmt die jüngste Tochter hin…

Spielregel: Die Kinder stehen in einer Reihe und fassen sich an der Hand. Ihnen gegenüber steht in einiger Entfernung ein Kind – der „Herr aus Ninive". Er geht auf die Reihe zu, verbeugt sich, singt seinen Text I und geht wieder an seinen alten Platz. Nun geht die Reihe auf den „Herrn aus Ninive" zu, verbeugt sich, singt Text II und geht wieder zurück. Bei der vorletzten Zeile wird ein Kind benannt, es tritt zum „Herrn aus Ninive" und das Spiel beginnt von Neuem mit dem Text: „Es kamen z w e i Herren aus Ninive." Es kann so lange wiederholt werden, bis nur noch ein Kind übrig ist, das nun „Herr aus Ninive" wird.

Es regnet auf der Brücke

Es reg-net auf der Brük-ke, und ich werd' naß.
Ich ha-be was ver-ges-sen und weiß nicht was.

Schön-ste Jung-fer, hübsch und fein, komm zu mir zum

Tanz her-ein. Laßt uns ein-mal tan-zen und lu-stig sein.

Text: traditionell (seit dem 15. Jahrhundert ähnlich bekannt) · Melodie: traditionell (um 1800)

Spielregel: Die Kinder bilden, an den Händen gefaßt, einen Kreis, der sich singend bewegt. In der Mitte steht ein Kind und wählt bei den Worten „Schönste Jungfer" eine Tänzerin, die beim nächsten Durchgang im Kreis bleibt.

Lange, lange Reihe

Lan-ge, lan-ge Rei-he, zwan-zig ist 'ne

Stei-ge, drei-ßig ist ein Ro-sen-kranz,

vier-zig ist ein Jung-fern-tanz. Jung-fer muß sich nei-gen!

Text und Melodie: traditionell (19. Jahrhundert)

Worterklärung: „Steige" = 20 Stück. – Drei „Gesetze" des Rosenkranzgebetes sind 30 Ave Maria.

Spielregel: Zwei Kinder bilden mit ihren Armen ein „Tor", durch das die anderen Kinder, an den Händen gefaßt, hindurchgehen. Die beiden letzten Kinder bilden das Tor für den nächsten Durchgang.

Die Straßenbahn

Die Stra-ßen-bahn, die Stra-ßen-bahn, die rat-tert durch die Stadt,

und dann und wann hält sie dort an, wo's Hal-te-stel-len hat.

Text: Bruno Horst Bull (1979) · Melodie: Richard Rudolf Klein (1979)
Aus: Das Liedernest, Band 1, © Fidula-Verlag, Boppard/Rhein

2. Dann steigen ein wohl groß und klein
und außerdem ein Hund.
Die Straßenbahn kommt ratternd an,
mit Bimmelbammel hält sie dann
zwölfmal in einer Stund'.

Was für ein Bewegungsspiel kann man sich zu diesem Lied wohl ausdenken?

Zeigt die Ampel rotes Licht

1. Zeigt die Am-pel ro-tes Licht: Ste-hen-blei-ben! Die
2. Zeigt die Am-pel grü-nes Licht: Wei-ter-ge-hen! Die

Au-tos sau-sen wie der Wind, die Stra-ßen-bahn kommt
Au-tos und die Stra-ßen-bahn, die hal-ten an der

auch ge-schwind, und selbst die Po-li-zei, die saust an uns vor-
Am-pel an, und auch die Po-li-zei, saust nicht an uns vor-

bei. Zeigt die Am-pel ro-tes Licht, bleib' ich ste-hen.
bei.

Erst bei grü-nem Am-pel-licht darf ich wei-ter-ge-hen.

Text: Christel Klotz (1979) · Melodie: Liselotte Rockel (1979)
Aus: Das Liedernest, Band 1, © Fidula-Verlag, Boppard/Rhein

Wer erfindet hierzu ein Bewegungsspiel?

Hopp, hopp, hopp

Hopp, hopp, hopp, Pferd-chen, lauf Ga-lopp,
ü-ber Stock und ü-ber Stei-ne, a-ber brich dir nicht die Bei-ne.
Hopp, hopp, hopp, hopp, hopp, Pferd-chen, lauf Ga-lopp.

Text: Karl Hahn (nach älteren traditionellen Vorlagen) · Melodie: Karl G. Hering (1807)

2. Hopp, hopp, ho,
das Pferdchen frißt kein Stroh.
Muß dem Pferdchen Hafer kaufen,
daß es kann im Trabe laufen.
Hopp, hopp, hopp, hopp, ho,
das Pferdchen frißt kein Stroh.

Brüderchen, komm tanz mit mir

Brü - der - chen, komm tanz mit mir, bei - de Händ - chen reich' ich dir.
Lie - be Schwe-ster

Ein - mal hin, ein - mal her, rund - her - um, das ist nicht schwer.

Text und Melodie: nach einem älteren Volkstanz (19. Jahrhundert)

Spielregel: Takt 1-2: Sieben Schritte vorgehen.
Takt 3-4: Sieben Schritte zurück.
Takt 5: Drei Schritte seitwärts.
Takt 6: Drei Schritte seitwärts zurück.
Takt 7-8: Paarweise drehen.

Hoppe, hoppe, Reiter

Hop - pe, hop - pe, Rei - ter, wenn er fällt, dann schreit er.
Fällt er in den Gra - ben, fres - sen ihn die Ra - ben.

Fällt er in den Sumpf, macht der Rei - ter plumps.

Text und Melodie: traditionell (um 1800)

Spielregel: Das Lied wird gesungen, wenn man das Kleinkind auf den Knien reiten läßt.

Sei uns willkommen, lieber Tag

LIEDER VOM IRDISCHEN LEBEN

Reime zu den Berufen und Tierreime,
Reime zum Tageslauf, Mahn- und Trostreime,
Reime zum Wetter und zu den Jahreszeiten

Bruder Jakob

Kanon zu 4 Stimmen

Bru – der Ja – kob, Bru – der Ja – kob, schläfst du

noch? Schläfst du noch? Hörst du nicht die Glok – ken? Hörst du nicht die

Glok – ken? Ding, dang, dong, ding, dang, dong!

Text und Melodie: traditionell aus Frankreich

Steht auf, ihr lieben Kinderlein

Steht auf, ihr lie - ben Kin - der - lein! Der Mor - gen -
stern mit hel - lem Schein läßt frei sich sehn als wie ein Held
und leuch - tet durch die gan - ze Welt.

Text: Erasmus Alberus (um 1550) · Melodie: Nicolaus Hermann (um 1550)

2. Sei uns willkommen, lieber Tag,
   vor dir die Nacht nicht bleiben mag.
   Leucht uns in unsre Herzen fein
   mit deinem himmlischen Schein.

115

Es regnet

Es reg - net, es reg - net, es reg - net sei - nen Lauf, und wenn's ge - nug ge - reg - net hat, dann hört's auch wie - der auf.

Text und Melodie: traditionell (19. Jahrhundert)

Heile, heile Segen

Hei - le, hei - le Se - gen! Mor - gen gibt es Re - gen, ü - ber - mor - gen Schnee, tut's, Kind - le, nit mehr weh.

Text und Melodie: traditionell (18. Jahrhundert)

2. Heile, heile Segen!
Sieben Tage Regen,
sieben Tage Schnee,
es tut mir nimmer weh.

Jetzt fängt das schöne Frühjahr an

Jetzt fängt das schö - ne Früh - jahr an, und al - les fängt zu
blü - hen an auf grü - ner Heid'_____ und ü - ber - all.

Text und Melodie: traditionell (19. Jahrhundert)

2. Es blühen Blumen auf dem Feld.
   Sie blühen weiß, blau, rot und gelb.
   Es gibt nichts Schönres auf der Welt.

3. Jetzt geh' ich über Berg und Tal.
   Da hört man schon die Nachtigall
   auf grüner Heid' und überall.

Kätzchen, ihr, der Weide

Kätz - chen, ihr, der Wei - de, wie aus grau - er Sei - de,

wie aus grau - em Samt! O, ihr Sil - ber - kätz - chen,

sagt mir doch, ihr Schätz - chen, sagt, wo - her ihr stammt.

Text: Christian Morgenstern (1906) · Melodie: A. Künstler (1931)

2. Wollen's gern dir sagen:
Wir sind ausgeschlagen
aus dem Weidenbaum.
Haben winterüber
drin geschlafen, Lieber,
in tieftiefem Traum.

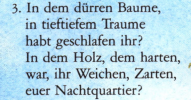

3. In dem dürren Baume,
in tieftiefem Traume
habt geschlafen ihr?
In dem Holz, dem harten,
war, ihr Weichen, Zarten,
euer Nachtquartier?

4. Mußt dich recht besinnen:
Was da träumte drinnen,
waren wir noch nicht,
wie wir jetzt im Kleide
blühn von Samt und Seide
hell im Sonnenlicht.

5. Nur als wie Gedanken
lagen wir im schlanken,
grauen Baumgeäst;
unsichtbare Geister,
die der Weltbaumeister
dort verweilen läßt.

6. Kätzchen, ihr, der Weide,
wie aus grauer Seide,
wie aus grauem Samt.
O, ihr Silberkätzchen,
ja, nun weiß, ihr Schätzchen,
ich, woher ihr stammt.

119

Alles neu macht der Mai

Al - les neu macht der Mai, macht die See - le
frisch und frei. Laßt das Haus, kommt hin - aus, win - det ei - nen
Strauß! Rings er - glän - zet Son - nen - schein, duf - tend pran - gen
Flur und Hain, Vo - gel - sang, Hör - ner - klang tönt den Wald ent - lang.

Text: H. A. von Kamp (1829) · Melodie: traditionell (18. Jahrhundert)

2. Wir durchziehen Saaten grün,
Haine, die ergötzend blühn,
Waldespracht, neu gemacht,
nach des Winters Nacht.
Dort im Schatten an dem Quell,
rieselnd munter silberhell,
klein und groß ruht im Moos
wie im weichen Schoß.

3. Hier und dort, fort und fort,
wo wir ziehen Ort für Ort,
alles freut sich der Zeit,
die verschönt erneut.
Widerschein der Schöpfung blüht
uns erneuend im Gemüt.
Alles neu, frisch und frei,
macht der holde Mai.

Alle Vögel sind schon da

Al - le Vö - gel sind schon da, al - le Vö - gel, al - le!

Welch ein Sin - gen, Mu - si - ziern, Pfei - fen, Zwit - schern, Ti - ri - liern!

Früh - ling will nun ein - mar - schiern, kommt mit Sang und Schal - le.

Text: Hoffmann von Fallersleben (1847) · Melodie: traditionell (18. Jahrhundert)

2. Wie sie alle lustig sind,
flink und froh sich regen!
Amsel, Drossel, Fink und Star
und die ganze Vogelschar
wünschen dir ein frohes Jahr,
lauter Heil und Segen.

3. Was sie uns verkünden nun,
nehmen wir zu Herzen:
Alle woll'n wir lustig sein,
lustig wie die Vögelein,
hier und dort, feldaus, feldein,
singen, springen, scherzen.

Fuchs, du hast die Gans gestohlen

Fuchs, du hast die Gans ge - stoh - len, gib sie wie - der her, gib sie wie - der her, sonst wird dich der Jä - ger ho - len mit dem Schieß - ge - wehr, sonst wird dich der Jä - ger ho - len mit dem Schieß - ge - wehr.

Text: Ernst Anschütz (1824) · Melodie: traditionell (19. Jahrhundert, nach älteren Vorlagen)

2. Seine große, lange Flinte
   schießt auf dich den Schrot,
   daß dich färbt die rote Tinte,
   und dann bist du tot.

3. Liebes Füchslein, laß dir raten,
   sei doch nur kein Dieb,
   nimm, du brauchst nicht Gänsebraten,
   mit der Maus vorlieb.

Will ich in den Stadtpark gehn

D   A   D   A   A⁷   D   D   A   fis   h

Will ich in den Stadt-park gehn, will zur grü-nen Wie-se,

D   G   A⁷   D   A⁷   D   G   D   G   D   A⁷   D

steht ein buck-lig Männ-lein da, jagt mich fort, der Mie-se.

Text: Richard Limpert (1976) · Melodie: traditionell (18. Jahrhundert) · © Richard Limpert, Gelsenkirchen

2. Will ich in den Wald hinein,
   will die Luft genießen,
   steht ein bucklig Männlein da,
   sagt, die Jagdherrn schießen.

3. Will ich auf den Spielplatz gehn,
   will 'ne Bude bauen,
   steht ein bucklig Männlein da,
   droht mich zu verhauen.

4. Will ich an des Wassers Strand,
   will mich nur erfrischen,
   steht ein bucklig Männlein da,
   um mich zu erwischen.

124

Was macht der Fuhrmann?

Was macht der Fuhr - -mann? Der Fuhr - mann spannt den Wa - gen an, die

Pfer - de ziehn, die Peit - sche knallt, daß laut es durch die Stra - ßen hallt.

Letzte Strophe: Schluß bei 𝄐

He, Fuhr - mann, he, _____ he, hol - la he!

Text: Carl Reinick · Melodie: Komponist unbekannt

2. Was macht der Fährmann?
   Der Fährmann legt ans Ufer an
   und denkt: „Ich halt' nicht lange still,
   es komme, wer da kommen will."

3. Da kam der Fuhrmann
   mit seinem großen Wagen an,
   der war mit Kisten vollgespickt,
   daß sich der Fährmann sehr erschrickt.

4. Da sprach der Fährmann:
   „Ich fahr' Euch nicht, Gevattersmann,
   gebt Ihr mir nicht aus jeder Kist'
   ein Stück von dem, was drinnen ist."

5. „Ja", sprach der Fuhrmann,
   und als sie kamen drüben an,
   da öffnet er die Kisten geschwind,
   da war nichts drin als lauter Wind.

Bitte, gib mir doch ein Zuckerstückchen

Bit-te, gib mir doch ein Zuk-ker-stück-chen für mein klei-nes

Po-ny. Dan-ke! wie-hert dann mein Po-ny-pferd-chen mit dem Na-men

Jo-ny. Weit ü-bers Land soll mein Pferd-chen heu-te tra-ben,

und dann soll's zum Loh-ne ein Zuk-ker-stück-chen ha-ben. ha-ben.

Text: Lieselotte Holzmeister (1968) · Melodie: traditionell (Portugal) · Fassung und Satz: Heinz Lemmermann (1968)
Aus: Die Zugabe, Band 1, Neue Lieder für Kinder, © Fidula-Verlag, Boppard/Rhein

2. Sattel mir mein Pony früh am Morgen,
   wenn es taut vom Himmel,
   wenn im Hof sich alle Pferde tummeln,
   Rappe, Fuchs und Schimmel.

3. Meinem Jony noch ein Zuckerstückchen,
   und dann geht's ins Weite.
   Und das Ponypferdchen wiehert,
   wenn ich singe, wenn ich reite.

Summ, summ, summ

Summ, summ, summ, Bien-chen, summ her - um!

Ei, wir tun dir nichts zu-lei - de, flieg nur aus in Wald und Hei - de.

Summ, summ, summ, Bien-chen, summ her - um.

Text: Hoffmann von Fallersleben (1843) · Melodie: traditionell (19. Jahrhundert)

2. Summ, summ, summ, Bienchen, summ herum!
Such in Blumen, such in Blümchen
dir ein Tröpfchen, dir ein Krümchen!
Summ, summ, summ, Bienchen, summ herum!

3. Summ, summ, summ, Bienchen, summ herum!
Kehre heim mit reicher Habe,
bau uns manche volle Wabe!
Summ, summ, summ, Bienchen, summ herum!

4. Summ, summ, summ, Bienchen, summ herum!
Bei den Heilig-Christ-Geschenken
wollen wir auch dein gedenken.
Summ, summ, summ, Bienchen, summ herum!

5. Summ, summ, summ, Bienchen, summ herum!
Wenn wir mit dem Wachsstock suchen
Pfeffernüss' und Honigkuchen.
Summ, summ, summ, Bienchen, summ herum!

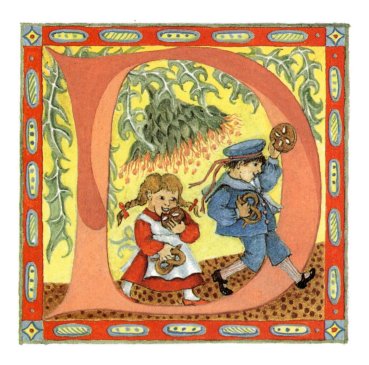

Das große Tagewerk beginnt
für Mann und Frau und auch fürs Kind.
Der Bauer putzt das Pferd.
Die Hausfrau schürt den Herd.
Der Milchmann bringt die Milch ins Haus.
Der Bäcker trägt die Brötchen aus.
Der Bergmann fährt zur Grube ein.
Der Maurer schichtet Stein auf Stein.
Und einen weiß ich noch zum Schluß,
der heute fleißig lernen muß.

Bäuerlein, Bäuerlein, tick, tick, tack,
hast ein' großen Hafersack,
hast viel Weizen und viel Kern,
Bäuerlein, hab' dich gar so gern.

GUTEN TAG, FRAU GÄRTNERIN

Guten Tag, guten Tag, Frau Gärtnerin,
haben Sie Lavendel
und ein bißchen Thymian
und ein wenig Quendel?

Ja, mein Fräulein, das haben wir
alles in unserm Garten.
Fräulein wird so gütig sein
und ein bißchen warten.

Johann hol den Sessel rein
mit den goldnen Litzen,
Fräulein wird so gütig sein
und ein bißchen sitzen.

Hinterm Hause Nummer drei
ist die schöne Bäckerei.
Dort gibt's Torten, alle Sorten,
Zuckerbrezeln, süße Kuchen,
wollen Sie davon versuchen?
Danke sehr. Ich hätte gern:
Gugelhupf und Mandelstern.

Schmied, Schmied, Schmied,
nimm dein Hämmerchen mit.
Wenn du willst ein Pferd beschlagen,
mußt den Hammer bei dir tragen.
Schmied, Schmied, Schmied,
nimm dein Hämmerchen mit.

Ein Postknecht will ich werden
mit Stiefel und mit Sporn,
dann fahr' ich mit vier Pferden
und hab' ein gold'nes Horn.

Zisch, zisch, zisch,
der Tischler hobelt den Tisch.
Tischler, hoble ihn schön glatt,
daß er keine Buckel hat.
Zisch, zisch, zisch,
der Tischler hobelt den Tisch.

Säcke flicken, Säcke flicken,
haben keine Nadel.
Schneider, Schneider, hopp, hopp, hopp,
näh mir einen guten Rock!
Wenn ich zähle eins, zwei, drei,
muß das Röckle fertig sei!
Eins – zwei – drei –
das Röckle ist entzwei.

Gänschen zu verkaufen!
Leutchen, kommt gelaufen!
Was soll das Gänschen kosten?
Anderthalben Groschen.
Das ist fürs Gänschen viel zu viel,
ich geb' 'nen halben Besenstiel.
So nimm du nur das Gänschen hin,
freut mich, daß ich's ledig bin!

Da, Bäck,
hast ein Weck,
schieb ihn rein,
back ihn fein,
laß ihn nicht verbrennen,
daß wir'n essen können!

Säge, säge Holz entzwei,
kleine Stücke, große Stücke,
schni, schna, schni, schna, schnucks!

DER SCHORNSTEINFEGER

Wenn ich morgens früh aufstehe
und nach meiner Arbeit gehe,
seh' ich hin und seh' ich her,
ob noch was zu fegen wär'.

Mein Gesicht ist schwarz wie Kohle
von dem Scheitel bis zur Sohle,
doch mein Herz ist frisch und frei,
's liebt die Schornsteinfegerei!

Wie machen die Bäcken
die Wecken so klein,
sie schieben dreihundert
ins Ofenloch rein.

Schnipp, schnapp, Schneider,
mach mir schöne Kleider.
Der Gretel eins aus Seiden,
das wird sie prächtig kleiden.
Mir ein Kleid mit Spitzen dran,
das zieh' ich nächsten Sonntag an.

Der Schneider macht Kleider,
der Schuster macht Schuh',
der Tischler macht Tische
und Sessel dazu.
Der Schlosser die Schlüssel,
der Hutmacher Hüt',
der Töpfer die Schüssel
und Nägel der Schmied.
Der Bäcker backt Kuchen
mit Nuß und mit Mohn,
und Kinder, die essen
so gerne davon.

Kaiser, König, Edelmann,
Bürger, Bauer, Bettelmann,
Schuster, Schneider, Leineweber,
Doktor, Kaufmann, Totengräber.

131

DAS KROKODIL

Ich bin ein altes Krokodil
und leb' dahin ganz ruhig und still,
bald in dem Wasser, bald zu Land
am Ufer hier im warmen Sand.

Gemütlich ist mein Lebenslauf,
was mir in'n Weg kommt, freß ich auf,
und mir ist es ganz einerlei,
in meinem Magen wird's zu Brei.

Schon hundert Jahre leb' ich jetzt,
und wenn ich sterben muß zuletzt,
leg' ich mich ruhig ins Schilf hinein
und sterb' im Abendsonnenschein.

Franz von Pocci

DAS EILIGE SCHNECKCHEN

Schneckchen, Schneckchen, laß dir Zeit,
mußt so sehr nicht laufen!
Hast gewiß nicht mehr so weit,
kannst einmal verschnaufen.

Schneckchen spricht: Da liegt ein Ort,
drüben bei den Bäumen.
Nächste Woch' ist Kirmes dort,
möcht' sie nicht versäumen.

Daß ich mit beim Tanze bin,
wirst du mir wohl gönnen.
Wenn ich nun noch will dahin,
muß ich da nicht rennen?

Johannes Trojan

Muh, muh, muh,
so ruft im Stall die Kuh.
Sie gibt uns Milch und Butter,
wir geben ihr das Futter.

Mumm Aneleis,
mumm Aneleis,
was machen eure Gäns'?
Sie sudeln, sie pudeln,
sie waschen sich
die Schwänn, Schwänn, Schwänz.

WAS HABEN WIR GÄNSE FÜR KLEIDER AN?

Was haben wir Gänse für Kleider an?
Gi ga gack!
Wir gehen barfuß allezeit
in einem weißen Federkleid.
Gi ga gack!
Wir haben nur einen Frack.

Was trinken wir Gänse für einen Wein?
Gi ga gack!
Wir trinken nur den stärksten Wein,
das ist der Gänsewein allein.
Gi ga gack!
Ist stärker als Rum und Rak.

Was haben wir Gänse für eine Kost?
Gi ga gack!
Im Sommer gehn wir auf die Au,
im Winter speist uns die Bauersfrau,
gi ga gack,
aus dem großen Habersack.

Was machen wir Gänse am Martinstag?
Gi ga gack!
Man führt uns aus dem Stall heraus
mit einem fetten Martinsschmaus,
gi ga gack,
und bricht uns das Genick.

Unsre Katz' hat Junge g'habt,
dreie, sechse, neune.
Eines hat ein weißes Ohr,
und das ist meine.

Miesekätzchen Miese,
wovon bist du so griese?
Ich bin so griese, bin so grau,
ich bin das Kätzchen Griesegrau.

Rab, Rab, schäm dich,
Rab, Rab, gräm dich!
Kannst dir keine Stiefel kaufen,
mußt im Dreck gehn, barfuß laufen.

DER SCHNECK

Ei, wie langsam, ei, wie langsam
kommt der Schneck von seinem Fleck!
Sieben lange Tage braucht er
von dem Eck ins andre Eck.

Ei, wie langsam, ei, wie langsam
kommt der Schneck im Gras daher!
Potz, da wollt' ich anders laufen,
wenn ich so ein Schnecklein wär'!

Was sind's für tausend Vögelein,
die immer schrein: Kolnik, kolnik?
Der Sperling ist's, der Sperling ist's,
der immer schreit: Kolnik, kolnik!

MAUSEFALLEN-SPRÜCHLEIN

Kleine Gäste, kleines Haus.
Liebe Mäusin oder Maus,
stell dich nur kecklich ein
heut' nacht bei Mondenschein!
Mach aber die Tür fein hinter dir zu!
Hörst du?
Dabei hüte dein Schwänzchen!
Nach Tische singen wir,
nach Tische springen wir
und machen ein Tänzchen:
Witt witt!
Meine alte Katze tanzt wahrscheinlich mit.

Eduard Mörike

DAS EIGENSINNIGE SCHWEIN

Das Schwein, das Schwein, das steckt so recht
voll Trotz und Eigensinn.
Wohin man's gerne haben möcht',
da will's durchaus nicht hin.
Drum, soll es vorwärts, zieht man fein
am Schwänzlein es zurück;
und daß ein Schwänzlein ist am Schwein,
das ist ein wahres Glück.

Johannes Trojan

Miau, miau,
mach auf, liebe Frau.
Laß mich in dein Häuschen,
ich fang dir alle Mäuschen.
Miau, miau,
mach auf, liebe Frau.

Knabber, knabber Mäuschen,
scher dich aus unserm Häuschen!
Was suchst du in dem Kellerloch?
Renn fort, sonst find't dich noch der Koch,
macht aus dir 'nen Hasenbraten,
und wir würden's nicht entraten.

SCHNAUZ UND MIEZ

Ri ra rumpelstiez,
wo ist der Schnauz? Wo ist die Miez?
Der Schnauz, der liegt am Ofen
und leckt sich seine Pfoten.
Die Miez, die sitzt am Fenster
und wäscht sich ihren Spenzer.
Rumpeldipumpel, schnaufeschnauf,
da kommt die Frau die Treppe rauf.
Was bringt die Frau dem Kätzchen?
Einen Knäul, einen Knäul, mein Schätzchen.
Einen Knäul aus grauem Wollenflaus,
der aussieht wie eine kleine Maus.
Was bringt die Frau dem Hündchen?
Ein Halsband, mein Kindchen,
ein Halsband von besondrer Art,
auf welchem steht: Schnauz Schnauzebart.
Ri ra rumpeldidaus,
und damit ist die Geschichte aus.

Christian Morgenstern

FIPS

Ein kleiner Hund mit Namen Fips
erhielt vom Onkel einen Schlips
aus gelb' und roter Seide.

Die Tante aber hat, o denkt,
ihm noch ein Glöcklein drangehängt
zur Aug- und Ohrenweide.

Hei, ward der kleine Hund da stolz.
Das merkt sogar der Kaufmann Scholz
im Hause gegenüber.

Den grüßte Fips sonst mit dem Schwanz;
jetzt ging er voller Hoffart ganz
an seiner Tür vorüber.

Christian Morgenstern

SPINNE UND MÜCKLEIN

Die Spinne hat gesponnen
den Silberfaden zart und fein.
Du, Mücklein, in der Sonnen,
nimm wohl in acht die Flügel dein!
Fein Mücklein denkt: Was soll es?
Durchs Netz zu fliegen ist ein Spiel.
Frau Spinne aber fängt es
und frißt es auf mit Stumpf und Stiel.

DIE KRÖTE

Giftig bin ich nicht,
Kinder beiß' ich nicht,
Wurzeln nag' ich nicht,
nach Blumen frag' ich nicht.
Würmer und Schnecken,
die laß ich mir schmecken.

Ich sitz' in dunklen Ecken,
ich bin so arg bescheiden,
doch keiner kann mich leiden.
Das betrübt mich in meinem Sinn –
was kann ich dafür, daß ich häßlich bin?

Johannes Trojan

Mein Hinkelchen, mein Hinkelchen,
was machst in unserm Garten?
Pflückst uns all die Blumen ab,
machst es gar zu arg.
Mutter wird dich jagen,
Vater wird dich schlagen.
Mein Hinkelchen, mein Hinkelchen,
was machst in unserm Garten?

Sperling ist ein kleines Tier,
hat ein kurzes Schwänzchen,
sitzt vor Hänschens Kammertür,
macht ein Reverenzchen.

GRAU-MÄUSCHEN

Grau-Grau-Mäuschen,
bleib in deinem Häuschen!
Frißt du mir mein Butterbrot,
kommt die Katz' und beißt dich tot.
Grau-Grau-Mäuschen,
bleib in deinem Häuschen!

Robert Reinick

DER MÜCKENTANZ

Dideldum!
Summ, summ, summ!
Das ist zum Entzücken!
Nun tanzen die Mücken,
die schnellen Gestalten,
so leise im Kreise,
so wohlig, so munter,
hinauf und herunter!
Dideldum, dideldum!
Summ, summ!
Immer herum,
dideldum!

Hoffmann von Fallersleben

DER FROSCH

Der Frosch sitzt in dem Rohre,
der dicke, breite Mann,
und singt sein Abendliedchen,
so gut er singen kann.
Quak, quak!

Er meint, es klingt ganz herrlich,
's könnt' niemand so wie er;
er bläst sich auf gewaltig,
meint wunder, was er wär'!
Quak, quak!

Georg Christian Dieffenbach

DER STORCH

Habt ihr noch nicht vernommen?
Am Dache sitzt er schon!
Der Storch ist heimgekommen;
hört doch den frohen Ton!
Klapper diklapp, klapper diklapp,
klapper nur, klapper du
immerzu!

Hoffmann von Fallersleben

Maikäfer, flieg

Mai - kä - fer, flieg! Dein Va - ter ist im Krieg. Dei - ne Mut - ter ist in Pom - mer - land, Pom - mer - land ist ab - ge - brannt. Mai - kä - fer, flieg!

Text: traditionell (18. Jahrhundert) · Melodie: traditionell (19. Jahrhundert)

Spielregel: Ansingelied für einen Maikäfer, den man an den Fingern krabbeln läßt, bis er wegfliegt.

Hänschen klein

Häns - chen klein ging al - lein in die wei - te Welt hin - ein.

Stock und Hut stehn ihm gut, wan - dert wohl - ge - mut.

Doch die Mut - ter weint so sehr, hat ja gar kein Häns - chen mehr.

Da be - sinnt sich das Kind, läuft nach Haus ge - schwind.

Text: traditionell (19. Jahrhundert, weitere Strophen späterer Zusatz) · Melodie: traditionell (18. Jahrhundert)

139

Alle meine Entchen

Al - le mei - ne Ent - chen schwim-men auf dem See,

Köpf - chen in das Was - ser, Schwänz-chen in die Höh'.

Text und Melodie: traditionell seit Ende des 19. Jahrhunderts

Kätzchen hat den Spatz gefangen

Kätz - chen hat den Spatz ge - fan - gen, ach du lie - be Zeit, ach du lie - be Zeit. Wä - re es mein Spatz ge - we - sen, tä - te es mir leid, tä - te es mir leid.

Text: Hildegard Wohlgemuth (1970) · Melodie: K. Moje (1972) · © Hildegard Wohlgemuth, Schwanewede

2. Storch hat einen Frosch gefangen,
ach du liebe Zeit,
ach du liebe Zeit.
Wäre es mein Frosch gewesen,
täte es mir leid.

3. Fuchs hat eine Gans gestohlen,
ach du liebe Zeit,
ach du liebe Zeit.
Wär' es meine Gans gewesen,
täte es mir leid.

4. Hund hat eine Wurst gestohlen,
ach du liebe Zeit,
ach du liebe Zeit.
Das ist meine Wurst gewesen,
und das tut mir leid.

5. Wenn es um die Wurst geht, Leute,
ach du liebe Zeit,
ach du liebe Zeit,
gibt es weder Recht noch Gnade.
Ja, das tut mir leid.

Ein Vogel wollte Hochzeit machen

Ein Vo - gel woll - te Hoch - zeit ma - chen in dem grü - nen

Wal - de. Fi - de - ra - la - la, fi - de - ra - la - la, fi - de - ra - la - la - la - la.

Text und Melodie: traditionell (19. Jahrhundert)

2. Die Drossel war der Bräutigam,
die Amsel war die Braute.
Fideralala …

3. Die Lerche, die Lerche,
die führt die Braut zur Kerche.
Fideralala …

4. Der Auerhahn, der Auerhahn,
derselbig war der Kapellan.
Fideralala …

5. Die Meise, die Meise,
die sang das Kyrie-eleise.
Fideralala …

6. Die Gänse und die Anten,
das war'n die Musikanten.
Fideralala …

7. Der Pfau mit seinem bunten Schwanz
macht mit der Braut den ersten Tanz.
Fideralala …

8. Brautmutter war die Eule,
nahm Abschied mit Geheule.
Fideralala …

9. Das Finkelein, das Finkelein,
das führt das Paar zur Kammer hinein.
Fideralala …

10. Der Uhu, der Uhu,
der macht die Fensterläden zu.
Fideralala …

11. Die Taube, die Taube,
die bringt der Braut die Haube.
Fideralala …

12. Die Fledermaus, die Fledermaus,
die zieht der Braut die Strümpfe aus.
Fideralala …

13. Frau Kratzefuß, Frau Kratzefuß,
gibt allen einen Abschiedskuß.
Fideralala …

14. Der Hennig krähet: „Gute Nacht!"
Nun wird die Kammer zugemacht.
Fideralala …

Backe, backe Kuchen

Bak-ke, bak-ke Ku-chen, der Bäk-ker hat ge-ru-fen: „Wer will gu-ten Ku-chen bak-ken, der muß ha-ben sie-ben Sa-chen: Ei-er und Schmalz, But-ter und Salz, Milch und Mehl, Sa-fran macht den Ku-chen gehl."

Text und Melodie: traditionell (19. Jahrhundert)

Die Schnecke kommt herangekrauft

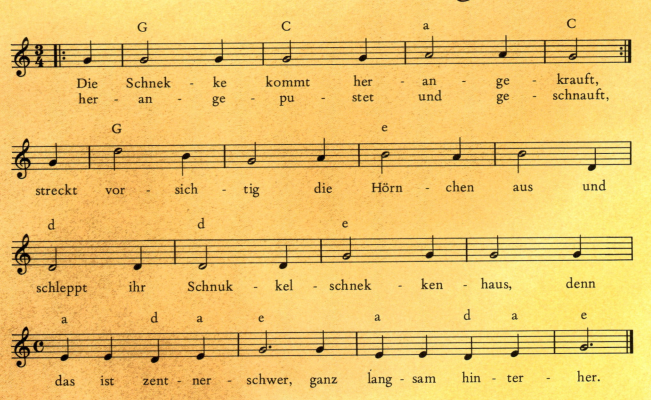

Die Schnek-ke kommt her-an-ge-krauft,
her-an-ge-pu-stet und ge-schnauft,
streckt vor-sich-tig die Hörn-chen aus und
schleppt ihr Schnuk-kel-schnek-ken-haus, denn
das ist zent-ner-schwer, ganz lang-sam hin-ter-her.

Text: M. Garff (1966) · Melodie: Johanna Russ (1966) · © Verlag Zevenster, Driebergen/Holland

Widewidewenne
heißt meine Puthenne

Wi - de - wi - de - wen - ne heißt mei - ne Put - hen - ne.

Kann nicht ruhn heißt mein Huhn, Wak - kel - schwanz heißt mei - ne Gans.

Wi - de - wi - de - wen - ne heißt mei - ne Put - hen - ne.

Text und Melodie: traditionell (19. Jahrhundert)

2. Schwarz und weiß heißt meine Geiß,
   Schmortöpflein heißt mein Schwein.
   Widewidewenne heißt meine Puthenne.

3. Ehrenwert heißt mein Pferd,
   Gute Muh heißt meine Kuh.
   Widewidewenne heißt meine Puthenne.

4. Wettermann heißt mein Hahn,
   Kunterbunt heißt mein Hund.
   Widewidewenne heißt meine Puthenne.

5. Guck heraus heißt mein Haus,
   Schlupf heraus heißt meine Maus.
   Widewidewenne heißt meine Puthenne.

6. Wohlgetan heißt mein Mann,
   Sausewind heißt mein Kind.
   Widewidewenne heißt meine Puthenne.

7. Leberecht heißt mein Knecht,
   Spätbetagt heißt meine Magd.
   Widewidewenne heißt meine Puthenne.

Gesprochen:
Nun kennt ihr mich mit Mann und Kind
und meinem ganzen Hausgesind.

Gestern abend ging ich aus

Ge - stern a - bend ging ich aus, ging wohl in den Wald hin - aus.

Saß ein Häs - lein in dem Strauch, guckt mit sei - nen Äug - lein raus.

Kommt das Häs - lein dicht her - an, daß mir's was er - zäh - len kann.

Text und Melodie: traditionell (19. Jahrhundert)

2. Bist du nicht der Jägersmann,
hetzt auf mich die Hunde an?
Wenn dein Windspiel* mich ertappt,
hast du, Jäger, mich erschnappt.
Wenn ich an mein Schicksal denk',
ich mich recht von Herzen kränk'.

* Windspiel: eine Hundeart.

3. Armes Häslein, bist so blaß,
geh dem Bauer nicht ins Gras,
geh dem Bauer nicht ins Kraut,
sonst bezahlst's mit deiner Haut,
sparst dir manche Not und Pein,
kannst mit Lust ein Häslein sein.

Zwischen Berg und tiefem Tal

Zwi - schen Berg und tie - fem, tie - fem Tal

sa - ßen einst zwei Ha - sen, fra - ßen ab das grü - ne, grü - ne Gras,

fra - ßen ab das grü - ne, grü - ne Gras bis auf den Ra - sen.

Text und Melodie: traditionell aus dem Bergischen Land (1838)   Instrumentalstimme auch eine Oktave höher zu spielen.

2. Als sie sich nun sattgefressen hatt'n,
setzten sie sich nieder,
bis daß nun der Jäger, Jäger kam
und schoß sie nieder.

3. Als sie sich nun aufgerappelt hatt'n
und sie sich besannen,
daß sie noch am Leben, Leben war'n,
liefen sie von dannen.

WACHT AUF, WACHT AUF

Es ruft der Hahn: Wacht auf! Wacht auf!
Bald geht die liebe Sonne auf,
und trifft ein Kind sie schlafend an,
da hat sie keine Freude dran!
Doch sprang ein Kind schon aus dem Bett,
hat sich gewaschen flink und nett,
das liebt sie recht aus Herzensgrund
und macht es kräftig und gesund
und gibt ihm vieles, was ihm frommt.
Wacht auf, wacht auf! Die Sonne kommt!

Robert Reinick

DER HAHN AM MORGEN

Kikeriki, kikeriki!
ruft der Hahn schon in der Früh'!
Weckt den Bauer aus der Ruh',
das Gesinde auch dazu;
doch die kleinen Kindlein
schlafen noch drei Stündlein.

Kikeriki, kikeriki!
ruft der Hahn schon in der Früh'!
Alle Vögel werden wach
auf dem Baum und unterm Dach;
doch die kleinen Kindlein
schlafen noch zwei Stündlein.

Kikeriki, kikeriki!
ruft der Hahn schon in der Früh'!
Seine Hühner allzumal
halten schon das Morgenmahl;
doch die kleinen Kindlein
schlafen noch ein Stündlein.

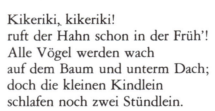

Kikeriki, kikeriki!
ruft der Hahn schon in der Früh'!
Draußen wird es licht und hell,
aus dem Bettchen springen schnell
nun die kleinen Kindlein,
denn es schlug ihr Stündlein.

E. Lausch

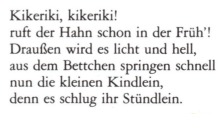

DIE GESCHICHTE VOM SUPPENKASPAR

Der Kaspar, der war kerngesund,
ein dicker Bub und kugelrund,
er hatte Backen rot und frisch;
die Suppe aß er brav bei Tisch.

Doch einmal fing er an zu schrein:
„Ich esse keine Suppe! Nein!
Ich esse meine Suppe nicht!
Nein, meine Suppe eß' ich nicht!"

Am nächsten Tag – ja, sieh nur her! –,
da war er schon viel magerer!
Da fing er wieder an zu schrein:
„Ich esse keine Suppe! Nein!
Ich esse meine Suppe nicht!
Nein, meine Suppe eß' ich nicht!"

Am dritten Tag – o weh und ach! –,
wie ist der Kaspar dünn und schwach!
Doch als die Suppe kam herein,
gleich fing er wieder an zu schrein:
„Ich esse keine Suppe! Nein!
Ich esse meine Suppe nicht!
Nein, meine Suppe eß' ich nicht!"

Am vierten Tage endlich gar
der Kaspar wie ein Fädchen war.
Er wog vielleicht ein halbes Lot –
und war am fünften Tage tot.

Heinrich Hoffmann

WENN MEIN KIND NICHT ESSEN WILL

Wenn mein Kind nicht essen will,
ruf' ich her die Spatzen,
fliegen sie aufs Fensterbrett,
ei, und werden schmatzen!

Wenn mein Kind nicht essen will,
ruf' ich in den Keller,
unsre Katze leckt geschwind
leer den ganzen Teller.

Pauz, pauz, Pulderjan,
die Mutter schlacht 'ne Ente,
tut auch ein Stück Butter dran,
daß sie nicht verbrennte.

Hau dich nicht,
stich dich nicht,
brenn dich nicht.
Suppe, die ist heiß!
Kindel, willst du Suppe essen,
darfst das Rühren nicht vergessen.

Lirum, larum, leier,
die Butter, die ist teuer,
lirum, larum, Löffelstiel,
für zwei Kreuzer gibt's nicht viel.

Billi, balli, Löffelstiel,
de alten Weiber fressen z'viel,
die jungen sein nicht besser,
sie fressen wie die Rösser.

Alle unsre Kleinen
machen ein Geschrei,
strampeln mit den Beinen,
wollen ihren Brei.
Lirum, larum, Löffelstiel,
nur wer brav war, krieget viel:

Lirum, larum, Löffelstiel,
alte Weiber essen viel,
junge müssen fasten.
Das Brot, das liegt im Kasten,
der Wein, der ist im Keller,
lauter Muskateller,
das Messer liegt daneben,
ei, was ein lustig Leben!

Morgens früh um sechs
kommt die kleine Hex';
morgens früh um sieben
schabt sie gelbe Rüben;
morgens früh um acht
wird der Kaffee gemacht;
morgens früh um neune
geht sie in die Scheune;
morgens früh um zehne
holt sie Holz und Späne;
feuert an um elfe,
kocht sie bis um zwölfe
Fröschebein und Krebs und Fisch.
Hurtig, Kinder, kommt zu Tisch!

Bim, bam, beier,
die Katz' mag keine Eier.
Was mag sie dann?
Speck in die Pfann'!
Ei wie lecker ist unsre Madam!

Sauerkraut und Rüben,
die haben mich vertrieben.
Hätt' meine Mutter Fleisch gekocht,
so wär' ich bei ihr 'blieben.

Die Linse,
wo sin se?
Im Dippe
sie hippe.
Sie koche
drei Woche,
bleibe hart
wie die Knoche.
Deck' sie zu
so han sie Ruh'.

VOM TRINKEN

Sieh zu! Sieh zu!
Wie trinkt das Pferd?
Wie trinkt die Kuh?
Sie gießen das Wasser nicht
in den Schlund
wie du.
Sie nehmen es erst ganz sachte,
ganz sachte,
sie nehmen es erst ganz sachte,
ganz vorn, ganz vorn in den Mund.
Da wird das kalte Wasser warm
und schadet nicht dem Kragen
und schadet nicht dem Magen
und schadet nicht dem Darm.
Siehst du?

Christian Morgenstern

Erbsen eß' ich lieber
wie die Herr von Biber.
Linsen eß' ich grad so gern
wie der Herr von Liljenstern.

Zicke, Zicke, Häschen,
Mutter, gib mir 'n Käschen,
Mutter, gib mir 'n Butterbrot,
ach, das schmeckt doch gar zu gut!

Tu Butter 'nein
und Zucker fein,
die Glock' schlägt acht:
Geschwind dem Kind die Milch gebracht.

EINKAUFEN

Jettchen, weißt du, einzukaufen,
das ist leicht, und das ist schwer.
Nur so auf den Markt zu laufen,
damit geht es heut' nicht mehr.

Prüfen mußt du und vergleichen
mit Geschick und mit Verstand,
dir nicht alles, was sie reichen,
stecken lassen in die Hand.

Und zuerst vor allen Dingen
präge diesen Satz dir ein:
Nur das Beste darfst du bringen,
aber billig muß es sein!

Also: Spargel, Kotelettchen,
Suppengrün und Blumenkohl
kaufst du ein, mein liebes Jettchen,
aber billig, hörst du wohl!

Heinrich Seidel

Dreiblättrig Kraut,
heil mir die Haut,
still mir das Blut,
daß mir's nimmer weh tut.

Heile, heile, heile!
Das Kätzchen lief den Berg hinauf,
und als es wieder runter kam,
war alles wieder gut.

Genug! Genug vom Weinen!
Die Sonn' wird wieder scheinen,
die Glocken werden klingen,
die Vögel werden singen,
die Enten werden schnattern,
die Hühner werden gackern,
der Hahn wird wieder schrein,
und du wirst lustig sein.

Heile, heile, Kätzchen,
das Kätzchen hat vier Tätzchen,
das Kätzchen hat 'n langen Schwanz,
morgen ist alles wieder ganz.

Heile, heile, Segen,
drei Tage Regen,
drei Tag geht der Wind:
heile, heile, liebes Kind.

Vögel, die nicht singen,
Glocken, die nicht klingen,
Pferde, die nicht springen,
Pistolen, die nicht krachen,
Kinder, die nicht lachen,
was sind das für Sachen?

Mein Kindlein ist klein,
das bild't sich viel ein.
Jetzt mag es mich nimmer,
's muß aber nicht sein.

Du bist so krank
wie eine alte Bank,
bist so krank
als wie ein Huhn,
magst gern essen
und nichts tun.

Ich hab' ein bös' Schätzle,
wenn's immer so bleibt,
stell' ich's in den Garten,
daß es Vögel vertreibt.

Weißt du was?
Wenn's regnet, wird's naß,
wenn's schneit, wird's weiß,
du bist ein alter Naseweis.

Ich schenk' dir was!
Was ist denn das?
Ein silbernes Wart-ein-Weilchen
und ein goldnes Nixchen
in einem niemalenen Büchschen.

HERR WINTER

Herr Winter, geh hinter,
der Frühling kommt bald!
Das Eis ist geschwommen,
die Blümlein sind kommen,
und grün wird der Wald.

Herr Winter, geh hinter,
dein Reich ist vorbei.
Die Vögelein alle
mit jubelndem Schalle
verkünden den Mai!

Christian Morgenstern

DER FRÜHLING IST KOMMEN

Der Frühling ist kommen,
der Frühling ist da!
Wir freuen uns alle,
juchheirassassa!

Es singen die Vögel
von fern und von nah:
Der Frühling ist kommen,
der Frühling ist da!

April, April, April,
der weiß nicht, was er will.
Mal Regen und mal Sonnenschein,
dann schneit es wieder zwischendrein.
April, April, April,
der weiß nicht, was er will.

LIEBE SONNE

Liebe Sonne, scheine wieder,
schein die düstren Wolken nieder!
Komm mit deinem goldnen Strahl
wieder über Berg und Tal!
Trockne ab auf allen Wegen
überall den alten Regen!
Liebe Sonne, laß dich sehn,
daß wir können spielen gehn!

Hoffmann von Fallersleben

Liebe Sonne, komm gekrochen,
denn mich friert's an allen Knochen.
Liebe Sonne, komm gerennt,
denn mich friert's an meine Händ'.

Es regnet, es regnet,
die Erde wird naß.
Da kamen zwei Soldaten
und wurden pitschenaß.

Regen, Regentröpfchen,
regnen auf mein Köpfchen,
regnen in das grüne Gras,
meine Füße werden naß.

Drei Rosen im Garten,
drei Tannen im Wald,
im Sommer ist's lustig,
im Winter ist's kalt.

TRARIRA, DER SOMMER, DER IST DA

Trarira, der Sommer, der ist da!
Wir wollen 'naus in'n Garten
und woll'n des Sommers warten.
Ja, ja, ja, der Sommer, der ist da!

Trarira, der Sommer, der ist da!
Wir wollen hinter die Hecken
und woll'n den Sommer wecken.
Ja, ja, ja, der Sommer, der ist da!

Trarira, der Sommer, der ist da!
Der Winter liegt gefangen,
den schlagen wir mit Stangen.
Ja, ja, ja, der Sommer, der ist da.

Ene, bene, Bohnenblatt,
wieviel Küh' sind noch nicht satt?
Sieben Geiß' und eine Kuh.
Sankt Peter schlägt die Stalltür zu
und schmeißt den Schlüssel übern Rhein:
Morgen wird schön Wetter sein.

Ru- ru- risch,
im Winter ist es frisch,
im Sommer schlägt die Nachtigall,
da freu'n sich die kleinen Vöglein all.

Eine Lerche, die singt,
uns noch keinen Sommer bringt.
Rufen Kuckuck und Nachtigall,
ist der Sommer überall.

Wind, Wind, himmlisch' Kind,
schüttel mir den Baum geschwind!
Will den roten Apfel haben,
möchte daran so gern mich laben.
Wind, o hilf den Baum mir schütteln,
bin zu schwach, um ihn zu rütteln.
Wind, Wind, himmlisch' Kind,
schüttel mir den Baum geschwind.

Spannenlanger Hansel,
nudeldicke Dirn,
gehn wir in den Garten,
schütteln wir die Birn'.
Schüttel ich die großen,
schüttelst du die klein'.
Wenn das Säckchen voll ist,
gehn wir wieder heim.

Nabel, Nebel, Niebel,
schwing dich auf den Giebel,
schwing dich auf zur Himmelstür,
laß die liebe Sonn' herfür.

155

DER SCHNEEMANN AUF DER STRASSE

Der Schneemann auf der Straße
trägt einen weißen Rock,
hat eine rote Nase
und einen dicken Stock.

Er rührt sich nicht vom Flecke,
auch wenn es stürmt und schneit.
Stumm steht er an der Ecke
zur kalten Winterszeit.

Doch tropft es von den Dächern
im ersten Sonnenschein,
da fängt er an zu laufen,
und niemand holt ihn ein.

Robert Reinick

DER WIND

Ich bin der Wind
und komm' geschwind,
ich wehe durch den Wald,
daß weit es widerhallt.
Bald säusle ich gelind
und bin ein sanftes Kind,
bald braus' ich wie ein Mann,
den niemand essen kann!
Schließ Tür und Fenster zu,
sonst habt ihr keine Ruh!
Ich bin der Wind
und komm' geschwind.

Franz von Pocci

SCHLITTENFAHRT

Das hat der Winter gut gemacht.
Schnee überall, es ist eine Pracht!
Flink in den Schlitten mit dem Kind,
und fahrt es lustig durch den Wind.
Und kneift der Wind die Backen gleich,
dann lacht und denkt, er spaßt mit euch!

Robert Reinick

SCHNEEFLOCKEN

Es schneit, hurra, es schneit!
Schneeflocken weit und breit!
Ein lustiges Gewimmel
kommt aus dem grauen Himmel.

Was ist das für ein Leben!
Sie tanzen und sie schweben.
Sie jagen sich und fliegen,
der Wind bläst vor Vergnügen.

Und nach der langen Reise,
da setzen sie sich leise
aufs Dach und auf die Straße
und frech dir auf die Nase.

Morgen woll'n wir Schlitten fahren,
morgen um halb neune
spann' ich meine Schimmel ein,
fahr' ich ganz alleine.
Ganz alleine fahr' ich nit,
da nehm' ich meine Gretel mit.

Wenn in der Kälte groß und klein
mit roter Nas' spazieren,
dann ruft der Ofen: „Kommt herein,
ihr sollt nicht lange frieren!"

Kuckuck ruft aus dem Wald

Kuk - kuck, Kuk - kuck, ruft aus dem Wald.

Las - set uns sin - - gen, tan - zen und sprin - - gen.

Früh - ling, Früh - ling wird es nun bald.

Text: Hoffmann von Fallersleben (1835) · Melodie: traditionell aus Österreich (1817)

2. Kuckuck, Kuckuck,
läßt nicht sein Schrei'n:
Komm in die Felder,
Wiesen und Wälder!
Frühling, Frühling,
stelle dich ein!

3. Kuckuck, Kuckuck,
trefflicher Held!
Was du gesungen,
ist dir gelungen:
Winter, Winter
räumet das Feld.

Auf einem Baum ein Kuckuck

Auf ei - nem Baum ein Kuk - kuck — sim - sa - la - dim bam - ba sa - la -
du sa - la - dim — auf ei - nem Baum ein Kuk - kuck saß.

Text und Melodie: traditionell (18. Jahrhundert)

2. Da kam ein junger Jägers- —
sim saladim bamba saladu saladim —
da kam ein junger Jägersmann.

3. Der schoß den armen Kuckuck —
sim saladim bamba saladu saladim —
der schoß den armen Kuckuck tot.

4. Und als ein Jahr vergangen —
sim saladim bamba saladu saladim —
und als ein Jahr vergangen war.

5. Da war der Kuckuck wieder —
sim saladim bamba saladu saladim —
da war der Kuckuck wieder da.

Es war eine Mutter

Es war ei - ne Mut - ter, die hat - te vier Kin - der, den
Früh - ling, den Som - mer, den Herbst und den Win - ter.

Text und Melodie: traditionell (19. Jahrhundert)

2. Der Frühling bringt Blumen, der Sommer bringt Klee.
   Der Herbst, der bringt Trauben, der Winter bringt Schnee.

3. Das Klatschen, das Klatschen, das muß man verstehn,
   drum muß sich der Frühling (Sommer/Herbst/Winter) im Kreis herumdrehn.

Spielregel: Es wird ein Kreis gebildet, in der Mitte stehen 5 Kinder: die Mutter und die 4 Jahreszeiten.
Bei der 3. Strophe klatschen alle in die Hände, und es dreht sich der Frühling dreimal um. Bei den Wiederholungen dieser Strophe werden dann die anderen Jahreszeiten genannt, die sich gleichfalls umdrehen.

Es klappert die Mühle am rauschenden Bach

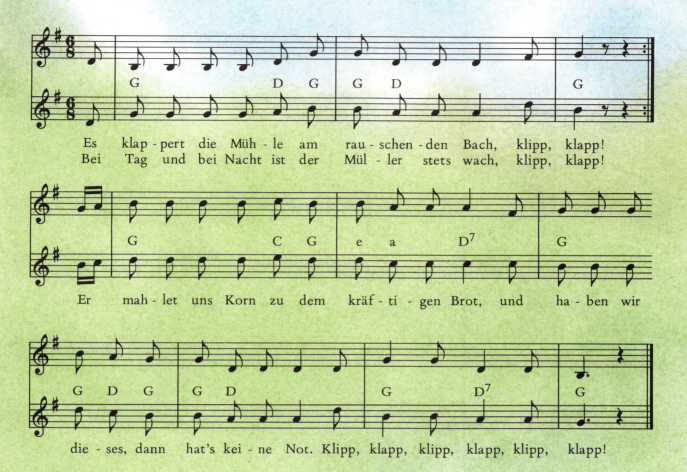

Es klap-pert die Müh-le am rau-schen-den Bach, klipp, klapp!
Bei Tag und bei Nacht ist der Mül-ler stets wach, klipp, klapp!

Er mah-let uns Korn zu dem kräf-ti-gen Brot, und ha-ben wir

die - ses, dann hat's kei-ne Not. Klipp, klapp, klipp, klapp, klipp, klapp!

Text: Ernst Anschütz (1824) · Melodie: Volksweise (18. Jahrhundert)

2. Flink laufen die Räder und drehen den Stein,
   klipp, klapp!
   Und mahlen den Weizen zu Mehl uns so fein,
   klipp, klapp!
   Der Bäcker den Zwieback und Kuchen draus bäckt,
   der immer den Kindern besonders gut schmeckt.
   Klipp, klapp, klipp, klapp, klipp, klapp!

3. Wenn reichliche Körner das Ackerfeld trägt,
   klipp, klapp!
   Die Mühle dann flink ihre Räder bewegt,
   klipp, klapp!
   Und schenkt uns der Himmel nur immer das Brot,
   so sind wir geborgen und leiden nicht Not.
   Klipp, klapp, klipp, klapp, klipp, klapp!

ABC, die Katze lief in'n Schnee

A B C, die Kat - ze lief in'n Schnee, und

als sie wie - der nach Hau - se kam, da hatt' sie wei - ße Stie - fel an. O

je - mi - ne, o je - mi - ne, die Kat - ze lief in'n Schnee.

Text und Melodie: traditionell (19. Jahrhundert)

2. ABC, die Katze lief zur Höh'.
Sie leckte sich die Pfoten rein
und ging nicht mehr in'n Schnee hinein,
o jemine, o jemine,
die Katze lief zur Höh'.

Schneeflöckchen

Schnee - flöck - chen, Weiß - röck - chen, wann kommst du ge -

schneit? Du wohnst in der Wol - ke, dein Weg ist so weit.

Text und Melodie: traditionell (20. Jahrhundert, letzte Strophe späterer Zusatz)

2. Komm, setz dich ans Fenster, du lieblicher Stern,
malst Blumen und Blätter, wir haben dich gern.

3. Schneeflöckchen, du deckst uns die Blümelein zu,
dann schlafen sie sicher in himmlischer Ruh'.

4. Schneeflöckchen, Weißröckchen, komm zu uns ins Tal,
dann bau'n wir den Schneemann und werfen den Ball.

Winter, ade!

Win - ter, a - de! Schei - den tut weh.

A - ber dein Schei - den macht, daß jetzt mein Her - ze lacht.

Win - ter, a - de! Schei - den tut weh.

Text: Hoffmann von Fallersleben (1835) · Melodie: traditionell (1816)

2. Winter, ade!
Scheiden tut weh.
Gerne vergeß' ich dein,
kannst immer ferne sein.
Winter, ade!
Scheiden tut weh.

3. Winter, ade!
Scheiden tut weh.
Gehst du nicht bald nach Haus,
lacht dich der Kuckuck aus.
Winter, ade!
Scheiden tut weh.

Weißt du, wieviel Sternlein stehen?

LIEDER VOM HIMMEL

Gebete, Verse zur Advents- und Weihnachtszeit

Weißt du, wieviel Sternlein stehen?

Weißt du, wie - viel Stern - lein ste - hen an dem
Weißt du, wie - viel Wol - ken ge - hen weit - hin

blau - en Him - mels - zelt? Gott, der Herr,__ hat sie ge -
ü - ber al - le Welt?

zäh - let, daß ihm auch nicht ei - nes feh - let an der

gan - zen gro - ßen Zahl, an der gan - zen gro - ßen Zahl.

Text: Wilhelm Hey (1837) · Melodie: traditionell (1842)

2. Weißt du, wieviel Mücklein spielen
in der heißen Sonnenglut?
Wieviel Fischlein auch sich kühlen
in der hellen Wasserflut?
Gott, der Herr, rief sie mit Namen,
daß sie all ins Leben kamen,
daß sie nun so fröhlich sind.

3. Weißt du, wieviel Kinder frühe
stehn aus ihren Bettlein auf,
daß sie ohne Sorg' und Mühe
fröhlich sind im Tageslauf?
Gott im Himmel hat an allen
seine Lust, sein Wohlgefallen,
kennt auch dich und hat dich lieb.

Bald ist es wieder Nacht

Bald ist es wie - der Nacht, ja wie - der Nacht, mein

Bett-lein ist ge - macht. Drein will ich mich le - gen wohl

mit Got - tes Se - gen, weil er die gan - ze Nacht, die gan - ze

Text: Wilhelm Hey (1789–1854)
Melodie: traditionell aus dem Bergischen Land

Nacht, gar treu-lich mich be - wacht.

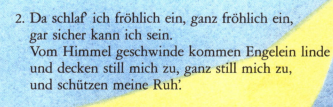

2. Da schlaf' ich fröhlich ein, ganz fröhlich ein,
   gar sicher kann ich sein.
   Vom Himmel geschwinde kommen Engelein linde
   und decken still mich zu, ganz still mich zu,
   und schützen meine Ruh'.

3. Und wird's dann wieder hell, dann wieder hell,
   dann wecken sie mich schnell.
   Dann spring' ich so munter vom Bettlein herunter.
   Hab Dank, Gott Vater, du, Gott Vater, du!
   Ihr Englein auch dazu!

O du, mein liebes Jesulein

O— du, mein lie-bes Je-su-lein, was hast du all' zu tun. O—

tun. Vom A-bend bis zum Mor-gen hast du so-viel zu

sor-gen. O— du, mein lie-bes Je-su-lein, was hast du all' zu tun: Die

Ster-ne wol-len blin-ken, die Er-de, die will trin-ken; die

Blu-men wol-len blü-hen; die Son-ne, die will glü-hen. Die

Men-schen wol-len la - chen; die Freu-de soll er-wa - chen, und

von vorne bis 𝄌 I. oder II.

all den Trä-nen - jam - mer ver-treibst du aus der Kam - mer.

Text und Melodie: traditionell aus der Nordeifel (1947)

Die Erde ist schön

Die Er-de ist schön, es liebt sie der Herr; neu ist der Mensch, der liebt. Die Er-de ist schön, es liebt sie der Herr; neu ist der Mensch, der liebt wie er._____ Gro-ße Freu-de wir ge-fun-den, sie be-glei-tet uns vor-an. Al-len möch-ten wir sie schen-ken, daß die Welt sich freu-en kann.

Text und Melodie: Redaktionsteam Neue Stadt/Sœur Sourire · © Verlag Neue Stadt GmbH, München

2. Die Erde ist schön …
   Alle Menschen sind uns Brüder,
   teilen woll'n wir Freud' und Leid;
   daraus wächst das wahre Leben,
   das die Welt erwartet heut'.

3. Die Erde ist schön …
   Bei der Arbeit und beim Spiele,
   fern sei Zwietracht, Zorn und Neid,
   schenk dem andern deine Liebe,
   und ins Herz zieht ein die Freud'.

Zum Schluß:
Die Erde ist schön, es liebt sie der Herr;
neu ist der Mensch, der liebt.
Die Erde ist schön, es liebt sie der Herr;
neu ist der Mensch, der liebt wie er.

Sankt Martin ritt durch Schnee und Wind

Sankt Mar - tin, Sankt Mar - tin, Sankt Mar - tin ritt durch
Schnee und Wind, sein Roß, das trug ihn fort ge - schwind. Sankt Mar - tin ritt mit
leich - tem Mut, sein Man - tel deckt' ihn warm und gut.

Text und Melodie: traditionell (Ende des 19. Jahrhunderts)

2. Im Schnee, da saß ein armer Mann,
hatt' Kleider nicht, hatt' Lumpen an.
„O helft mir doch in meiner Not,
sonst ist der bittre Frost mein Tod!"

3. Sankt Martin zog die Zügel an,
sein Roß stand still beim armen Mann.
Sankt Martin mit dem Schwerte teilt'
den warmen Mantel unverweilt.

4. Sankt Martin gab den halben still,
der Bettler rasch ihm danken will.
Sankt Martin aber ritt in Eil'
hinweg mit seinem Mantelteil.

Laterne, Laterne

La - ter - ne, La - ter - ne, Son - ne, Mond und Ster - ne. Bren-ne

auf, mein Licht, bren-ne auf, mein Licht, a-ber nur mei-ne lie-be La - ter-ne nicht.

Text und Melodie: traditionell (20. Jahrhundert)

Wir sagen euch an

Wir sa- gen euch an den lie- ben Ad-
Wir sa- gen euch an ei- ne hei- li- ge

vent! Se- het, die er- ste Ker- ze brennt!
Zeit! Ma- chet dem Herrn den Weg be-

reit! Freut euch, ihr Chri- sten, freu- et euch

sehr! Schon ist na- he der Herr.

Text: M. Ferschl (1962) · Melodie: Richard Rudolf Klein (1962) Aus: Adventkantate für Kinder, © Fidula-Verlag, Boppard/Rhein

2. Wir sagen euch an den lieben Advent!
Sehet, die zweite Kerze brennt!
So nehmet euch eins um das andere an,
wie auch der Herr an uns getan. Freut euch …

3. Wir sagen euch an den lieben Advent!
Sehet, die dritte Kerze brennt!
Nun tragt eurer Güte hellen Schein
weit in die dunkle Welt hinein! Freut euch …

4. Wir sagen euch an den lieben Advent!
Sehet, die vierte Kerze brennt!
Gott selber wird kommen, er zögert nicht.
Auf, auf, ihr Herzen, werdet licht! Freut euch …

Niklaus, komm in unser Haus

Ni-klaus, komm in un-ser Haus, pack die gro-ßen Ta-schen aus. Lu-stig, lu-stig, tral-le-ral-la-la. Heut' ist Ni-klaus-a-bend da, heut' ist Ni-klaus-a-bend da!

Text und Melodie: traditionell (19. Jahrhundert)

2. Stell das Pferdchen untern Tisch,
daß es Heu und Hafer frißt.
Lustig, lustig, trallerallala,
heut' ist Niklausabend da!

3. Heu und Hafer frißt es nicht,
Zuckerplätzchen kriegt es nicht.
Lustig, lustig, trallerallala,
heut' ist Niklausabend da!

Vom Himmel hoch, o Englein, kommt

Vom Him-mel hoch, o Eng-lein, kommt. Ei - a, ei - a, Su - sa - ni, Su - sa - ni, Su - sa - ni! Kommt, singt und klingt, kommt, pfeift und trombt. Hal - le - lu - ja, Hal - le - lu - ja. Von Je - su singt und Ma - ri - a.

Text und Melodie: Kölner Gesangbuch (1625)

2. Kommt ohne Instrumente nit,
   bringt Lauten, Harfen, Geigen mit.

3. Laßt hören euer Stimmen viel
   mit Orgel- und mit Saitenspiel.

4. Hie muß die Musik himmlisch sein,
   weil dies ein himmlisch Kindelein.

5. Die Stimmen müssen lieblich gehn
   und Tag und Nacht nicht stillestehn.

6. Sehr süß muß sein der Orgel Klang –
   süß über allen Vogelsang.

7. Das Saitenspiel muß lauten süß,
   davon das Kindlein schlafen muß.

8. Singt Fried' den Menschen weit und breit,
   Gott Preis und Ehr' in Ewigkeit.

VON GOTT KOMMT ALLES HER

Was nah ist und was ferne,
von Gott kommt alles her!
Der Strohhalm und die Sterne,
der Sperling und das Meer.

Er, er macht Sonnaufgehen,
er stellt des Mondes Lauf,
er läßt die Winde wehen,
er tut den Himmel auf.

Matthias Claudius

DANK SEI GOTT

Wieviel Sand in dem Meer,
wieviel Sternlein obenher,
wieviel Tierlein in der Welt,
wieviel Heller unterm Geld,
in den Adern wieviel Blut,
in dem Feuer wieviel Glut,
wieviel Blätter in den Wäldern,
wieviel Gräslein in den Feldern,
in den Hecken wieviel Dörner,
auf dem Acker wieviel Körner,
auf den Wiesen wieviel Klee,
wieviel Stäublein in der Höh',
in den Flüssen wieviel Fischlein,
in dem Meere wieviel Müschlein,
wieviel Tropfen in der See,
wieviel Flocken in dem Schnee,
so viel lebendig weit und breit,
so viel Dank sei Gott in Ewigkeit.

MORGENLIED

Die Sterne sind erblichen
mit ihrem güldnen Schein;
bald ist die Nacht entwichen,
der Morgen dringt herein.

Noch waltet tiefes Schweigen
im Tal und überall.
Auf frisch betauten Zweigen
singt schon die Nachtigall.

Sie singet Lob und Ehre
dem hohen Herrn der Welt,
der über Land und Meere
die Hand des Segens hält.

Er hat die Nacht vertrieben,
ihr Kindlein, fürchtet nichts!
Stets kommt zu seinen Lieben
der Vater allen Lichts.

Hoffmann von Fallersleben

KEIN TIERLEIN IST AUF ERDEN

Kein Tierlein ist auf Erden
dir, lieber Gott, zu klein,
du ließt sie alle werden,
und alle sind sie dein.
Zu dir, zu dir
ruft Mensch und Tier.
Der Vogel dir singt,
das Fischlein dir springt,
die Biene dir brummt,
der Käfer dir summt.
Auch pfeifet dir das Mäuslein klein:
Herr Gott, du sollst gelobet sein!

Clemens Brentano

MEIN VATER, DER MICH NÄHRT UND SCHÜTZT

Mein Vater, der mich nährt und schützt,
ich weiß so wenig, was mir nützt,
daß ich fast nichts zu bitten wage.
Ich halte mich
allein an dich,
du Herr und Lenker meiner Tage.
Nur diese Wahrheit seh' ich ein,
gib mir die Kraft, stets gut zu sein,
so bin ich überall geborgen.
Das andre kommt,
so wie mir's frommt,
dafür wirst du, mein Vater, sorgen.

Johann Gottfried Seume

ICH GEH' MIT MEINER LATERNE

Ich geh' mit meiner Laterne
und meine Laterne mit mir.
Da oben leuchten die Sterne,
hier unten, da leuchten wir.
Mein Licht ist aus, wir gehn nach Haus.
Labimmel, labammel, labum.

Ich geh' mit meiner Laterne
und meine Laterne mit mir.
Dort oben leuchten die Sterne,
hier unten, da leuchten wir.
Der Martinsmann, der zieht voran.
Labimmel, labammel, labum.

Ich geh' mit meiner Laterne
und meine Laterne mit mir.
Dort oben leuchten die Sterne,
hier unten, da leuchten wir.
Ein Küchenduft liegt in der Luft.
Labimmel, labammel, labum.

Ich geh' mit meiner Laterne
und meine Laterne mit mir.
Dort oben leuchten die Sterne,
hier unten, da leuchten wir.
Beschenkt uns heut', ihr lieben Leut'.
Labimmel, labammel, labum.

Ich geh' mit meiner Laterne
und meine Laterne mit mir.
Dort oben leuchten die Sterne,
hier unten, da leuchten wir.
Mein Licht ist aus, wir gehn nach Haus.
Labimmel, labammel, labum.

Martin, Martin, wir treten herfür
vor Reitermanns Tür,
wer uns was gibt und nicht vergißt,
der kriegt eine goldene Krone.
Die Krone reicht so weit, so weit,
bis über die ganze Christenheit.

179

Niklaus ist ein braver Mann,
bringt den kleinen Kindern was,
die großen läßt er laufen,
die können sich was kaufen.

Lieber, lieber Nikolaus zart,
haben schon lange auf dich gewart't.
Will auf Vater und Mutter hören,
mußt mir nur was Gutes bescheren.

Ruprecht, Ruprecht, guter Gast,
hast du mir was mitgebracht?
Hast du was, dann setz dich nieder,
hast du nichts, dann geh nur wieder.

Draußen weht es bitterkalt,
wer kommt da durch den Winterwald?
Stipp-stapp, stipp-stapp und huckepack –
Knecht Ruprecht ist's mit seinem Sack.
Was ist denn in dem Sacke drin?
Äpfel, Mandeln und Rosin'
und schöne Zuckerrosen,
auch Pfeffernüss' für's gute Kind.
Die andern, die nicht artig sind,
die klopft er auf die Hosen.

Niklaus, Niklaus, heiliger Mann,
zieh die großen Stiefel an,
reis damit nach Spanien,
kauf Äpfel, Nüss', Kastanien!

Niklaus, Niklaus, huckepack,
schenk uns was aus deinem Sack.
Schütte deine Sachen aus,
gute Kinder sind im Haus.

WEIHNACHTEN

Markt und Straßen stehn verlassen,
still erleuchtet jedes Haus,
sinnend geh' ich durch die Gassen,
alles sieht so festlich aus.

An den Fenstern haben Frauen
buntes Spielzeug fromm geschmückt,
tausend Kindlein stehn und schauen,
sind so wunderstill beglückt.

Und ich wandre aus den Mauern
bis hinaus ins freie Feld,
hehres Glänzen, heil'ges Schauern,
wie so weit und still die Welt!

Sterne hoch, die Kreise schlingen,
aus des Schnees Einsamkeit
steigt's wie wunderbares Singen.
O du gnadenreiche Zeit!

Joseph von Eichendorff

WEIHNACHTEN

Gesegnet sei die Heil'ge Nacht,
die uns das Licht der Welt gebracht!

Wohl unterm lieben Himmelszelt
die Hirten lagen auf dem Feld.

Ein Engel Gottes, licht und klar,
mit seinem Gruß tritt auf sie dar.

Vor Angst sie decken ihr Angesicht.
Da spricht der Engel: „Fürcht't euch nicht!

Denn ich verkünd' euch große Freud':
Der Heiland ist euch geboren heut'!"

Vom Himmel hoch der Engel Heer
frohlockt: „Gott in der Höh' sei Ehr'!"

Da gehn die Hirten hin in Eil',
zu schaun mit Augen das ew'ge Heil,

zu singen dem süßen Gast Willkomm,
zu bringen ihm ein Lämmlein fromm.

Bald kommen auch gezogen fern
die heil'gen drei Kön'ge mit ihrem Stern.

Sie knien vor dem Kindlein hold,
schenken ihm Myrrhen, Weihrauch, Gold.

Eduard Mörike

DER WEIHNACHTSSTERN

Von Osten strahlt ein Stern herein
mit wunderbarem hellem Schein.
Es naht, es nahet ein himmlisch Licht,
das sich in tausend Strahlen bricht!

Ihr Sternlein auf dem dunklen Bau,
die all ihr schmückt des Himmels Blau,
zieht euch zurück vor diesem Schein.
Ihr werdet alle winzig klein!

Verbergt euch, Sonnenlicht und Mond,
die ihr so stolz am Himmel thront!
Er naht, er naht sich von fern –
von Osten her – der Weihnachtsstern!

Franz von Pocci

DER TANNENBAUM

O Tannenbaum, o Tannenbaum,
du trägst ein' grünen Zweig,
im Winter, im Sommer,
das dauert die liebe Zeit.

Warum sollt' ich nicht grünen,
da ich noch grünen kann?
Ich hab' nicht Vater noch Mutter,
die mich versorgen kann.

Und der mich kann versorgen,
das ist der liebe Gott,
der läßt mich wachsen und grünen,
drum bin ich schlank und groß.

DAS CHRISTKIND

Die Nacht vor dem Heiligen Abend,
da liegen die Kinder im Traum.
Sie träumen von schönen Sachen
und von dem Weihnachtsbaum.

Und während sie schlafen und träumen,
wird es am Himmel klar,
und durch den Himmel fliegen
drei Engel wunderbar.

Sie tragen ein holdes Kindlein,
das ist der Heilige Christ.
Es ist so fromm und freundlich,
wie keins auf Erden ist.

Und wie es durch den Himmel
still über die Häuser fliegt;
schaut es in jedes Bettchen,
wo nur ein Kindlein liegt.

Es freut sich über alle,
die fromm und freundlich sind,
denn solche liebt von Herzen
das liebe Himmelskind.

Heut' schlafen noch die Kinder
und sehen es nur im Traum.
Doch morgen tanzen und springen
sie um den Weihnachtsbaum.

Robert Reinick

Advent, Advent,
ein Lichtlein brennt.
Erst eins, dann zwei,
dann drei, dann vier,
dann steht das
Christkind vor der Tür.

O SCHÖNE, HERRLICHE WEIHNACHTSZEIT

O schöne, herrliche Weihnachtszeit,
was bringst du Lust und Fröhlichkeit!
Wenn der heilige Christ in jedem Haus
teilt seine lieben Gaben aus.

Und ist das Häuschen noch so klein,
so kommt der heilige Christ hinein,
und alle sind ihm lieb wie die Seinen,
die Armen und Reichen, die Großen und Kleinen.

Der heilige Christ an alle denkt,
ein jedes wird von ihm beschenkt.
Drum laßt uns freun und dankbar sein!
Er denkt auch unser, mein und dein.

Hoffmann von Fallersleben

GEBET EINES KLEINEN KNABEN

Du lieber, heil'ger, frommer Christ,
der für uns Kinder kommen ist,
damit wir sollen weis' und rein
und echte Kinder Gottes sein.

Du Licht, vom lieben Gott gesandt
in unser dunkles Erdenland,
du Himmelskind und Himmelsschein,
damit wir sollen selig sein.

Du lieber, heil'ger, frommer Christ,
weil heute dein Geburtstag ist,
drum ist auf Erden weit und breit
bei allen Kindern frohe Zeit.

O segne mich, ich bin noch klein,
o mache mir das Herze rein!
O bade mir die Seele hell
in deinem reichen Himmelsquell!

Daß ich wie Gottes Engel sei
in Demut und in Liebe treu,
daß ich dein bleibe für und für,
du heil'ger Christ, das schenke mir!

Ernst Moritz Arndt

WENN DIE KINDER ARTIG SIND

Wenn die Kinder artig sind,
kommt zu ihnen das Christkind;
wenn sie ihre Suppe essen
und das Brot auch nicht vergessen,
wenn sie, ohne Lärm zu machen,
still sind bei den Siebensachen,
beim Spaziergehn auf den Gassen
von Mama sich führen lassen,
bringt es ihnen Gut's genug
und ein schönes Bilderbuch.

VOR DEM CHRISTBAUM

Da guck einmal, was gestern nacht
Christkindlein alles mir gebracht:
Ein Räppchen,
ein Wägelein,
ein Käppchen,
ein Krägelein,
ein Tütchen
und ein Rütchen,
ein Büchlein
voller Sprüchlein.
Das Tütchen, wenn ich fleißig lern',
ein Rütchen, tät ich es nicht gern,
und nun erst gar den Weihnachtsbaum,
ein schön'rer steht im Walde kaum.
Ja, schau nur her und schau nur hin
und schau, wie ich so glücklich bin.

Friedrich Güll

DAS CHRISTKIND

Es gibt nichts Schön'res auf der Welt,
als wenn das Christkind Einzug hält.
Ins Haus, ins liebe Vaterhaus,
trotz Sturmgetön und Wetterbraus.

Es kommt so still in heil'ger Nacht
durch Schneegeflock und Eises Pracht.
Begleiter ist der Weihnachtsmann,
der trägt, was er nur tragen kann.

Wenn's Kindlein noch so arm und klein,
das Christkindlein gedenket sein:
Im Hüttlein schlecht, im reichen Haus,
teilt es die Liebesgaben aus.

184

CHRISTKINDLEIN

Das Christkindlein bin ich genannt,
den frommen Kindern wohlbekannt,
die ihren Eltern gehorsam sein,
die früh aufstehn und bitten gern,
denen will ich was bescher'n.
Die aber solche Holzblöck' sein,
die schlagen ihre Schwesterlein
und necken ihre Brüderlein,
steckt Ruprecht in den Sack hinein.

Ei du lieber, heil'ger Christ,
komm nur nicht, wenn es dunkel ist,
komm im hellen Mondenschein,
wirf mir Nüss' und Äpfel rein.

Christkind, komm in unser Haus,
pack die großen Taschen aus.
Stell den Schimmel untern Tisch,
daß er Heu und Hafer frißt.
Heu und Hafer frißt er nicht,
Zuckerbrezeln kriegt er nicht!

Liebes gutes Christkindlein,
leg mir feine Sachen ein!
Äpfel, Birn' und Nuß,
mach mir kein' Verdruß.

WISST IHR NOCH, WIE ES GESCHEHEN?

Wißt ihr noch, wie es geschehen?
Immer werden wir's erzählen:
Wie wir einst den Stern gesehen
mitten in der dunklen Nacht.

Stille war es um die Herde.
Und auf einmal war ein Leuchten
und ein Singen ob der Erde,
daß das Kind geboren sei!

Eilte jeder, daß er's sähe
arm in einer Krippen liegen.
Und wir fühlten Gottes Nähe,
und wir beteten es an.

Könige aus Morgenlanden
kamen reich und hoch geritten,
daß sie auch das Kindlein fanden.
Und sie beteten es an.

Und es sang aus Himmelshallen:
Ehr' sei Gott! Auf Erden Frieden!
Allen Menschen Wohlgefallen,
welche guten Willens sind!

Immer werden wir's erzählen,
wie das Wunder einst geschehen
und wie wir den Stern gesehen
mitten in der dunklen Nacht.

Hermann Claudius

SILVESTER-GLÜCKWUNSCH

Wir wünschen euch so viel Glück und Segen
als Sternelein am Himmel stehn
und Sandkörnlein im Meere sind.
Ihr sollt so lange gesund sein,
bis ein Mühlstein schwimmt über den Rhein.

Ihr sollt so lange sein gesund,
bis eine Feder wiegt ein Pfund.
Ihr sollt eure Tage und Jahre
in Freuden und Frieden verleben,
bis ein Vöglein in den Himmel tut schweben.
Ihr sollt sie in Glück und Ruhm verbringen,
bis sich der Hahn auf dem Kirchturm
in den Himmel tut schwingen.

Hat euch mein Spruch gefallen,
so wird es gleich drauf knallen.
Tut es euch nicht verdrießen,
so wollen wir das alte Jahr beschließen
und das neue beschießen.

ZUM NEUEN JAHR

Wie heimlicherweise
ein Engelein leise
mit rosigen Füßen
die Erde betritt,
so nahte der Morgen.
Jauchzt ihm, ihr Frommen,
ein heilig' Willkommen!
Ein heilig' Willkommen!
Herz, jauchze du mit!
In ihm sei's begonnen,
der Monde und Sonnen
an blauen Gezelten
des Himmels bewegt!
Du, Vater, du rate!
Lenke du und wende!
Herr, dir in die Hände
sei Anfang und Ende,
sei alles gelegt!

Eduard Mörike

DIE HEIL'GEN DREI KÖN'GE

Die Heil'gen Drei Kön'ge aus Morgenland,
sie frugen in jedem Städtchen:
„Wo geht der Weg nach Bethlehem,
ihr lieben Buben und Mädchen?"

Die Jungen und Alten, sie wußten es nicht,
die Könige zogen weiter;
sie folgten einem goldenen Stern,
der leuchtete lieblich und heiter.

Der Stern blieb stehn über Josephs Haus,
da sind sie hineingegangen;
das Öchslein brüllte, das Kindlein schrie,
die Heil'gen Drei Kön'ge sangen.

Heinrich Heine

HAUSSEGEN ZUM DREIKÖNIGSFEST

Erfüll mit deinen Gaben,
Herr Jesu, dieses Haus!
Tod, Krankheit, Seelenschaden,
Brand, Unglück treib hinaus!

Laß hier den Frieden grünen,
verbanne Zank und Streit,
daß wir dir fröhlich dienen
jetzt und in Ewigkeit!

Kommet, ihr Hirten

Der Engel:

Kom - met, ihr Hir - ten, ihr Män - ner und
kom - met, das lieb - li - che Kind - lein zu

Frau'n,
schaun.
Chri - stus, der Herr, ist heu - te ge - bo - ren,

den Gott zum Hei - land euch hat er - ko - ren: Fürch - tet euch nicht!

Text: Karl Riedel · Melodie: traditionell aus Böhmen

Die Hirten:

2. Lasset uns sehen in Bethlehems Stall,
   was uns verheißen der himmlische Schall.
   Was wir dort finden, lasset uns künden,
   lasset uns preisen in frommen Weisen: Halleluja.

Alle:

3. Wahrlich, die Engel verkündigen heut'
   Bethlehems Hirtenvolk gar große Freud'.
   Nun soll es werden Friede auf Erden,
   den Menschen allen ein Wohlgefallen: Ehre sei Gott!

Alle Jahre wieder

Al - le Jah - re wie - der kommt das Chri - stus - kind

auf die Er - de nie - der, wo wir Men - schen sind.

Text: Wilhelm Hey (1837) · Melodie: Friedrich Silcher (1789–1860) zugeschrieben

2. Kehrt mit seinem Segen
ein in jedes Haus,
geht auf allen Wegen
mit uns ein und aus.

3. Steht auch mir zur Seite,
still und unerkannt,
daß es treu mich leite
an der lieben Hand.

Vom Himmel hoch, da komm' ich her

Vom Him - mel hoch, da komm' ich her, ich bring' euch
gu - te, neu - e Mär; der gu - ten Mär bring' ich so
viel, da - von ich sing'n und sa - gen will.

Text und Melodie: Martin Luther (1535/1539)

2. Euch ist ein Kindlein heut' gebor'n
   von einer Jungfrau auserkor'n,
   ein Kindelein so zart und fein,
   das soll eu'r Freud' und Wonne sein.

3. Es ist der Herr Christ, unser Gott,
   der will euch führ'n aus aller Not,
   er will eu'r Heiland selber sein,
   von allen Sünden machen rein.

4. So merket nun das Zeichen recht:
   die Krippe, Windelein so schlecht,
   da findet ihr das Kind gelegt,
   das alle Welt erhält und trägt.

5. Des laßt uns alle fröhlich sein
   und mit den Hirten gehn hinein,
   zu sehn, was Gott uns hat beschert,
   mit seinem lieben Sohn verehrt.

6. Ach Herr, du Schöpfer aller Ding',
   wie bist du 'worden so gering,
   daß du da liegst auf dürrem Gras,
   davon ein Rind und Esel aß!

7. Lob, Ehr' sei Gott im höchsten Thron,
   der uns schenkt seinen einz'gen Sohn.
   Des freuen sich der Engel Schar
   und singen uns solch neues Jahr.

Zu Bethlehem geboren

Zu Beth - le - hem ge - bo - ren ist uns ein Kin - de - lein. Das hab' ich aus - er - ko - ren, sein ei - gen will ich sein. E - ja, e - ja, sein ei - gen will ich sein.

Text: Friedrich von Spee (1638) · Melodie: traditionell (aus Frankreich, 1599)

2. In seine Lieb' versenken
will ich mich ganz hinab,
mein Herz will ich ihm schenken
und alles, was ich hab'.

3. O Kindelein, von Herzen
will ich Dich lieben sehr
in Freuden und in Schmerzen,
je länger mehr und mehr.

4. Dich, wahren Gott, ich finde
in meinem Fleisch und Blut,
darum ich fest mich binde
an Dich, mein höchstes Gut.

5. Dazu Dein' Gnad' mir gebe,
bitt' ich aus Herzens Grund,
daß ich allein Dir lebe
jetzt und zu aller Stund'.

6. Laß mich von Dir nicht scheiden,
knüpf zu, knüpf zu das Band
der Liebe zwischen beiden,
nimm hin mein Herz zum Pfand.

Ihr Kinderlein, kommet

Ihr Kin - der - lein, kom - met, o kom - met doch
Zur Krip - pe her kom - met in Beth - le - hems

all!
Stall. Und seht, was in die - ser hoch - hei - li - gen

Nacht der Va - ter im Him - mel für Freu - de uns macht.

Text: Christoph von Schmid (1854) · Melodie: Johann Abraham Peter Schulz (1795)

2. O seht in der Krippe im nächtlichen Stall,
   seht hier bei des Lichtleins hellglänzendem Strahl
   in reinlichen Windeln das himmlische Kind,
   viel schöner und holder, als Engel es sind.

3. Da liegt es, das Kindlein, auf Heu und auf Stroh;
   Maria und Joseph betrachten es froh.
   Die redlichen Hirten knien betend davor;
   hoch oben schwebt jubelnd der Engelein Chor.

4. O beugt wie die Hirten anbetend die Knie,
   erhebet die Händlein und danket wie sie.
   Stimmt freudig, ihr Kinder – wer sollt sich nicht freun? –,
   stimmt freudig zum Jubel der Engel mit ein!

5. Was geben wir, Kinder, was schenken wir dir,
   du bestes und liebstes der Kinder, dafür?
   Nichts willst du von Schätzen und Reichtum der Welt,
   ein Herz nur voll Demut allein dir gefällt.

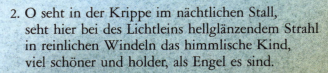

Guten Abend in diesem Haus

Gu-ten A-bend in die-sem Haus! Gu-ten A-bend in die-sem
Haus! Ei, so wün-schen wir, ei, so wün-schen wir ein glück-
se-li-ges neu-es Jahr! Ein glück-se-li-ges neu-es Jahr!

Text und Melodie: traditionell (19. Jahrhundert)

Wir wollen heut'
singen Gott Lob und Dank

Wir__ wol-len heut' sin-gen Gott Lob und Dank, Aus
hier__ kom-men die Wei-sen aus Mor-gen-land.

Mor-gen-land, aus Son-nen-land, da, wo die

Sonn' am höch-sten stand.

Text und Melodie: aufgezeichnet 1930 nach älterer Tradition

2. Wir haben's gehört, es ist uns neu,
daß uns ein Kind geboren sei,
ein kleines Kind, ein großer Gott,
der Himmel und Erde erschaffen hat.

3. Wir gingen wohl über den Berg herfür
und kamen wohl vor des Herodes Tür.
Herodes in dem Fenster lag,
als er die Weisen kommen sah.

4. Herodes fragte mit Schimpf und Spott:
„Ach Gott, wo ist das dritte Wort?"
Das dritte Wort ist ungenannt,
hier kommen drei Weisen aus dem Morgenland.

5. Wir gingen nach Bethlehem auf den Höh'n,
da blieb der Stern wohl stille stehn,
wohl stille stehn, wohl stille stehn,
da blieb der Stern wohl stille stehn.

6. Da gingen wir in das Haus hinein
und fanden Maria und das Kindelein.
Da taten wir unsere Schätze auf
und schenkten dem Kinde Gold, Weiherauch.

Das Kind und sein Lied

Das Menschenkind benötigt, selbst im Verhältnis zu den hochorganisierten Tieren, eine lange Zeit der Entwicklung bis zur vollen Lebenstüchtigkeit. Diese Zeit erstreckt sich bis gegen das Ende des zweiten, wenn nicht gar des dritten Lebensjahrzehnts. Doch endet die Kindheit im engeren Sinne beim Beginn der Geschlechtsreife – heutzutage früher als in vergangenen Zeiten – etwa mit dem 10. Lebensjahr. Deswegen bringt diese Sammlung auch nur Lieder, die im ersten Jahrzehnt des Kinderlebens Bedeutung haben. Diese ersten zehn Jahre verlaufen in verschiedenen, ineinander übergehenden Phasen, die auch für das Kinderlied wichtig sind. Was aber die Entwicklung des Kindes in allen Phasen grundsätzlich prägt, ist sein spannungsvolles Verhältnis zu den Erwachsenen. Es stellt sich dar in der Auseinandersetzung zwischen zwei entgegengesetzten Bedürfnissen, die beide für die Erhaltung der Physis und die Entfaltung der Psyche unentbehrlich sind: hilfreiche Zuwendung und Selbständigkeit. Diese Spannung ist von Erwachsenen und Kindern auszuhalten, so schwer es – zu Recht oder Unrecht – beiden zuweilen ankommen mag. Auf der einen Seite kann das Kind nicht existieren ohne die Hilfe der Erwachsenen – Ernährung, Pflege, Vermittlung von Lebenstechniken, wie Greifen,

Gehen, Sprechen, aber auch Übermittlung von Verhaltensweisen, die mit Geboten und Verboten, Lohn und Strafe eingeübt werden. Auf der anderen Seite aber lebt das Kind durchaus in seiner eigenen Welt, mit eigener Motorik, eigenen Wahrnehmungen und Absichten, eigener Sprache und eigenen Wertvorstellungen.

Auch das Kinderlied ist deshalb in doppelter Bedeutung wichtig: sowohl als Bindemittel zwischen Kind und Erwachsenen wie auch als Unterscheidungszeichen. So kommt es, daß man, spricht man vom Kinderlied, zwei, eigentlich sogar drei Arten unterscheiden muß: Lieder unter Kindern, Lieder für Kinder, Lieder über Kinder. Lieder für Kinder – das sind die von Erwachsenen gefertigten, unter psychologischen, pädagogischen und moralischen Aspekten verfaßten Gebilde; sie sollen helfen, das Kind in die Erwachsenenwelt einzuführen, es in ihr heimisch und tüchtig zu machen; natürlich auch: den Wertvorstellungen der Erwachsenen beim Kind Geltung zu verschaffen. Lieder unter Kindern – das sind die Lieder, Reime und Tanzspiele, die die Kinder sich gegenseitig beibringen und bei ihren Aktivitäten unter sich singen. Sie sind weniger auf die Vermittlung von Wertvorstellungen der Erwachsenen aus – oft sogar im Gegenteil und vor Erwachsenen deshalb geheimgehalten – als auf Ausdruck eigenkindlichen Weltverständnisses und eigenkindlicher Wertvorstellungen. Lieder über Kinder – das sind Kinderlieder, in denen Erwachsene über das Kindersein reflektieren oder die Kindheit in ihre Erinnerung zurückrufen. Solche Lieder, wie „Schlafe, mein Prinzchen, schlaf ein", sind in dieser Sammlung nicht aufgenommen.

Die erste Lebensäußerung, durch die das Neugeborene sich seiner Umwelt mitteilt, ist akustisch: ein Schrei. Psychologen deuten ihn wohl nicht zu Unrecht als ein Signal der Angst vor der unendlichen Weite der Welt nach der Entlassung aus dem bergenden Mutterschoß. Der Schrei ist eine Forderung nach Zuwendung. Das *Kleinstkind* erlebt sich in den ersten Monaten als den Mittelpunkt der Welt. Selbsterhaltung durch Nahrungsaufnahme ist der vorherrschende Drang dieser ersten Lebensphase, die Freud die „orale" nennt. Die ganze Welt ist Nahrung und der Mund deshalb das wichtigste Organ. Erste Reifung entwickelt sich aus körpereigenen Vorgängen, und die zwei wichtigsten Befindlichkeiten seiner Existenz teilt es durch zwei verschiedene akustische Signale mit, durch Lallen und Schreien.

Fühlt das Kleinstkind sich mit sich selbst im Einklang, genießt es sich selbst behaglich und geborgen, lallt es vor sich hin in kurzen, leisen Phrasen von geringem Tonumfang. Die Tonbewegung ist meist abwärts gerichtet oder bewegt sich eng um eine Mitte. Einzeltöne sind zunächst noch nicht voneinander geschieden; es handelt sich vielmehr um Gleittonmelodien, die meist im Rahmen einer Quart produziert werden. Mit diesen Lautäußerungen erfährt das Kleinstkind wohlgefällig seine eigene Existenz.

Reißt aber Hunger, Schmerz oder das Gefühl des Verlassenseins das Kleinstkind aus diesem behaglichen Selbstgenuß heraus, fordert es schreiend die Hilfe der Umwelt ein. Anders als das Lallen ist der Schreilaut häufig in längere Abschnitte gegliedert und produziert einen größeren Tonumfang mit einer charakteristischen Kurve: in mittlerer Tonlage beginnend, hebt er sich, in der Tonstärke anschwellend, zu größtmöglicher Höhe und Stärke, verweilt etwas auf dem Gipfel und senkt sich mit schwindendem Atemvorrat bei abnehmender Lautstärke nach unten. Auch hier, wie beim Lallen, gleitet die Melodie, ohne feste Tonhöhen zu markieren. Es scheint kein Zufall, daß Musikethnologen bei der Erforschung ältester musikalischer Menschheitszeugnisse auf eben diese Formen als Urformen früher musikalischer Betätigung stießen, die sich im Juchzer, im „Alarmschrei" und im Jodler bis auf den heutigen Tag

erhalten haben. Die neuere Entwicklungspsychologie erkennt diese Parallelentwicklung vom jungen Menschen und junger Menschheit an, so daß man beim Neugeborenen wie beim Menschen auf sehr früher Stufe eine Art gemeinsamer musikalischer Entwicklung feststellen kann, die sich als Entfaltung des Lallens und Bändigung des Schreis bezeichnen läßt.

Die Lall-Formeln des Kleinstkindes sind dann auch die frühesten Formen des „Liedes unter Kindern", die erste eigene kindliche musikalische Hervorbringung. Zur gleichen Zeit jedoch erfährt das Kind auch musikalische Zuwendung von außen durch die Pflegepersonen, die ihm Lieder vorsingen. Das sind zum einen sehr einfache Gebilde, die aus den Lallformeln zu schlichten Melodien mit festen Tönen entwickelt sind; kurzgliedrige Gebilde geringen Tonumfangs mit gleichbleibendem Rhythmus; „Lieder für Kinder", Schlaf- und Wiegenlieder (12, 16, 18)*; auch Bewegungslieder, zu denen die Kinder auf den Armen oder Knien der Erwachsenen bewegt oder geschaukelt werden. Die Melodie bewegt sich dabei im Rahmen der Terz oder Quart. Die bekannteste Formel in Mitteleuropa ist die sogenannte „Leierformel", bei der der Mittelton um einen Ganzton überschritten und eine kleine Terz unterschritten wird (67, 112 u., 144 o., 172). Als eine Erweiterung dieser Dreitonformel kann man die Fünftonreihe deuten. Diese halbtonlose Tonreihen spielen sowohl in frühen Musikkulturen wie im Kinderlied - bei neugeschaffenen „Liedern für Kinder" (119, 144 u., 173) wie bei altüberlieferten „Liedern unter Kindern" (7, 10, 94) eine gewisse Rolle, ohne allerdings von ausschlaggebender Bedeutung zu sein. Und es sei hier für das Kinderlied in allen Phasen kindlicher Entwicklung festgehalten, daß Singen und Bewegung für das Kind - wie übrigens auch für den Menschen in seiner Frühgeschichte - eine Einheit ist, die lustvoll genossen wird. Und pädagogisch zu nutzen ist. Daneben singt man dem Kind auch Lieder - Schlaf- und Wiegenlieder vor allem -, die zwar die einfachen Lallformeln noch mehr oder minder deutlich durchschimmern lassen, sich aber doch deutlich von ihnen abheben durch eine weiter ausgreifende und rhythmisch abwechslungsreichere Melodie (6, 8, 14, 30, 51, 110, 122, 139).

Das *Kleinkind* – diese Phase dauert etwa bis zum Ende des dritten Lebensjahres – erobert sich körperlich eine neue Dimension seines Lebens durch das Laufenlernen. Die Welt wird weiter; sie bringt ihm

---

* Die in Klammern genannten Zahlen sind Seitenzahlen; o = oben, u = unten.

neue Gegenstände und Ereignisse, mit denen es sich auseinandersetzen muß. Nicht nur körperlich durch Bewegen und Begreifen, sondern auch geistig. Es entwickelt sich in ihm die „Einsicht", die Intelligenz und die Sprache.

Dieses Begreifen, diese einsichtige, intelligente Welterfahrung ist zunächst ausschließlich ich-bezogen und gefühlsmäßig, durch verstandesmäßige Überlegungen nicht gesteuert. Alles Weltgeschehen ist ihm „gut" oder „böse". Alle Dinge sind dem Kleinkind belebt und haben ein Bewußtsein, gar eine Sprache, die das Kind versteht, so, wie die Dinge seine Sprache verstehen. Die Wahrnehmung der Dinge ist – wie übrigens auch die Sprache – in diesem Stadium der Entwicklung egozentrisch, und die objektive Wahrnehmung der Umgebung ist nicht scharf getrennt von der individuellen Vorstellung des Kindes. So kommt es denn auch in dieser Phase zu jenen individuellen, schöpferischen Wortbildungen, die Erwachsenen häufig so poetisch erscheinen. In der Vorstellung des Kleinkindes ist die ganze Welt belebt. Die Dinge – Spielzeuge, Gegenstände, Tiere, Naturerscheinungen, wie Wind, Regen, Donner und Blitz, handeln wie Menschen. Und so begegnen wir wieder einer Parallele in der Entwicklung früher Menschheit und Kindheit: die Ethnologen als die Erforscher der frühen Menschheitsgeschichte wie die Psychologen als die Erforscher frühkindlicher Entwicklung sprechen von Naturbeseelung und Vermenschlichen der außermenschlichen Welt. Und auch dies muß noch festgehalten werden: das kindliche Weltbegreifen ist in dieser Phase noch sehr undifferenziert; feine Unterschiede werden noch nicht wahrgenommen. Und die Wahrnehmungen werden noch nicht gegliedert, über- oder untergeordnet.

Von besonderer Bedeutung, auch für das Lied des Kindes, ist in dieser Phase die Entwicklung der Sprache. Lallen und Schreien sind nicht nur als Vorstufe des Singens, sondern auch des Sprechens zu sehen; insofern nämlich sich das Kleinstkind durch diese akustischen Signale seiner Umwelt mitteilt. Diese Einheit von Sprachmitteilung und Melodie differenziert sich beim Kleinkind zu Singen und Sprechen als zwei grundsätzlich getrennte Mitteilungsweisen: Sprache als rationale Bezeichnung von Sachen, Sachverhalten und Strebungen – Singen als gefühlvolle, durch Tonhöhen- und -längenordnung (Melodie und Rhythmus) bestimmte Mitteilung von Befindlichkeiten. Doch stellt sich solche Trennung erst nach gleitenden Übergängen und meist gegen Ende dieser Entwicklungsstufe heraus.

Für die Entwicklung kindlichen Singens ist in dieser Phase entscheidend, daß es beginnt, die Lieder der Erwachsenen nachzusingen. Dies geschieht – vor allem in der ersten Zeit dieser Phase und übereinstimmend mit der allgemein seelischen Entwicklung nicht sehr genau, sondern mit Vereinfachungen und Auslassungen. Jedoch entwickeln sich aus der gleitenden Melodie des Lallens und Schreiens allmählich nach festen Tonhöhen differenzierte Melodien. Dies gilt sowohl für die Lieder, die das Kind jetzt zum ersten Mal von den Erwachsenen lernt wie auch für die Eigenproduktion des Kindes.

Die Melodien sind flach, verfügen über wenige, zwei bis drei Töne, die sich vorzugsweise um einen Mittelton oder abwärts bewegen. Die Melodieabschnitte sind kurz und wiederholen sich in ständiger Aneinanderreihung. Das sind die im vorigen Abschnitt angeführten Lieder. Nun, bei erwachender Intelligenz, bekommen die Worte einen Sinn. Sie dienen der Einführung in die Welt der Tiere (34, 158, 162), Pflanzen (30), der Natur (116 o., 120, 163) und vermitteln erste Verhaltensweisen, etwa daß das Kind, nun, wo es laufen lernt, sich nicht zu weit von der Mutter entfernen darf (139). Die Spiel- und Bewegungslieder fördern die Entwicklung körperlicher Geschicklichkeit und kontrollierter Motorik (112 u.).

Wie genau das Kleinstkind solche Melodien aufnimmt, wie schnell es von den undifferenzierten Gleittönen zu Melodien mit festen Tonhöhen findet, hängt sowohl von seiner musikalischen Begabung ab wie von der Intensität, mit der die Pflegepersonen ihm vorsingen. Hier also liegt eine wichtige Aufgabe der musikalischen Früherziehung: dem Kleinkind möglichst früh und möglichst viel vorzusingen.

Doch tritt beim Kleinkind heutzutage noch eine weitere miterziehende Macht auf, die es in früheren Zeiten nicht gab: die elektronischen Medien. Je nach den Hörgewohnheiten in seiner Umgebung wird das Kind heutzutage mit einer Fülle von Musik konfrontiert, die ihm früher nicht geboten wurde. Ständig laufendes Radio, häufige Schallplatten- oder Kassettenmusik, Musik aus dem Fernseher – das sind heimliche und unheimliche Miterzieher, über deren Bedeutung nachgedacht werden muß. Diese Bedeutung ist nicht unbedingt nur negativ zu charakterisieren; denn je mehr Musik das Kind hört, je mehr übt es sich in das Musiksystem der Erwachsenen ein, lernt es das Nachsingen von Melodien mit festen Tonschritten. Und es darf angenommen werden, daß der Zeitpunkt, zu dem das Kleinkind die Musikstrukturen der Erwachsenen übernimmt, durch die Einwirkung der elektronischen Medien heute früher anzusetzen ist, als Beobachtungen früherer Jahrzehnte dies darstellen. Auf der anderen Seite ist jedoch zu beachten, daß eine allzu sorglose, unkontrollierte und undosierte Überflutung mit musikalischen Reizen die Entwicklung des Kleinkindes auch beeinträchtigen kann, indem es veranlaßt wird, zu Vieles und zu Kompliziertes zu früh und falsch zu verarbeiten. Die Schallplatte, davon wird noch zu reden sein, ist sicherlich ein neues, wichtiges Hilfsmittel – auch bei der musikalischen Erziehung des Kleinkindes. Nicht alles aber, was sich hier aufdrängt, ist einer ruhigen Entfaltung kindlicher Musikalität dienlich.

Mit Beginn des vierten Lebensjahres tritt das Kleinkind in die erste Phase der *Kindheit* ein. Sie ist noch weitgehend davon geprägt, daß das Kind egozentrisch in seiner eigenen Welt lebt. Für sein Verhältnis zur Welt ist dabei von besonderer Bedeutung, daß es sich ohne fremde Hilfe auch über größere Entfernungen fortbewegen kann und daß der Spracherwerb zu einem gewissen Abschluß gelangt. Das Kind wächst damit auch in ein neues Stück Leben hinein: nachbarschaftliche Spielgruppen, Freundesclique, Kindergarten; Lebensbereiche, die dem unmittelbaren Zugriff der Familie, die das Kind bisher hütete, entzogen sind.

Auf dieser Stufe der Entwicklung lebt das Kind immer noch in seiner eigenen Welt, einer phantastischen Welt, in der Wahrnehmung der Wirklichkeit und eigene Vorstellung nicht scharf voneinander getrennt sind. Die Gegenstände, vor allem Pflanzen, Tiere und Naturereignisse, sind belebt. Sie können sprechen, das Kind spricht mit ihnen und versucht, die mit dämonischen Zügen entweder gut oder schlecht eingestufte Umwelt durch Worte, Gebärden, Geräusche und auch Lieder zu beeinflussen, also zu beschwören. Auch hier trifft sich der junge Mensch mit der frühen Menschheit auf einer ähnlichen, soll heißen, nicht unbedingt gleichzusetzenden, aber vergleichbaren Entwicklungsstufe. Sein Verhalten in dieser seiner eigenen Welt ist von sozialen Vorschriften der Erwachsenengesellschaft noch weitgehend uneingeschränkt.

Wichtig ist das in dieser Entwicklungsphase einsetzende Gedächtnis für Materiale. Dazu gehören auch Bewegungsabläufe nach festen Regeln, wie sie auch den Kinderspielen und -tänzen zugrundeliegen. Das Kind lernt jetzt Bewegungsformen unterscheiden, sie in einen zeitlichen Beziehungszusammenhang einfügen und ihre Bedeutung erkennen.

In der Sprache bahnt sich auf dieser Entwicklungsstufe ein Prozeß der Sozialisierung an, der von der egozentrischen Ausdrucksweise des Kleinkindes zu konventionellen Sprachformen führt. Gleichzeitig ist das Kind aber auch darauf bedacht, seine eigene Welt zu wahren: in Spielgemeinschaften unter Kindern bilden sich Geheimsprachen, oder das Kind handhabt die Sprachelemente nach eigenem Gutdünken, es spielt mit der Sprache, indem es beispielsweise in einem Liedtext nur einen einzigen Vokal verwendet „Zwinzig Jipinisin mit dim Kintribiss . . .“ Überhaupt ist, wie bereits angedeutet, das Verhältnis zu Kindern ein wichtiger Faktor der Entwicklung auf dieser Stufe. Diese Beziehung verwirklicht sich vor allem im Spiel. Das Kind lernt „spielend“ Bewegungsabläufe behalten, sie im Nacheinander richtig ausführen, ihren Sinn erkennen. Es lernt Spielregeln einhalten, anderen Spiel-Raum zu billigen, eigenen „Spiel-Raum“ beanspruchen und verteidigen. Dabei ist es wichtig zu wissen, daß das Spiel in diesem Alter – wie übrigens auch für die Erwachsenen in frühen Gesellschaften – eine sehr ernsthafte, wichtige und seine Aufmerksamkeit voll in Anspruch nehmende Tätigkeit ist, deren Ablauf, festgefügt, rituell, nicht verändert werden darf. Das Spiel ist Wirklichkeit – und nicht „als ob“. Jean Paul ist überzeugt: „Das Spiel hat für das Kind den größten Wert; es treibt es wie ein Geschäft, wie eine Arbeit. Sein ganzes Denken, Furcht, Handeln, Gemüt, Geist und Tun nimmt es dafür in Anspruch“.

In dieser Phase bekommt das „Lied unter Kindern“ erstmals besondere Bedeutung. Produzierte das Kleinstkind aus dem Lallen seine Melodien selbst und versuchte das Kleinkind das von Erwachsenen Vorgesungene mehr oder minder getreu zu reproduzieren, so lernt es jetzt seine Lieder im Umgang mit seinesgleichen. Dabei wird die soziale Komponente des Lernens wichtig. Melodiengedächtnis, Bewegungsfolgen, Einhalten von Spielregeln schult das Kind an Geschicklichkeitsspielen (70, 74, 84, 88, 96, 97), Tänzen (66, 67, 107, 112 o.), Tanzspielen (28, 31, 61, 66, 106, 107 u.), Heische-, Ansinge- und Umzugsliedern (172, 173, 195). Natürlich spielen auf dieser Entwicklungsstufe auch mythische, beschwörende, dämonische Elemente ins Kinderlied hinein (28, 32, 68, 91, 94), und manche alte Ballade hat sich auf der „Schwundstufe“ des Kinderliedes erhalten (61, 66). Zwar geht es nicht an, jede Frauengestalt als germanische Göttin oder Hexe, jedes Pferd als Wotans Schimmel zu interpretieren, doch ist sicher, daß das Kinderlied uralte Erinnerungen bewahrt, genauso wie in den halbtonlosen Drei-, Vier- und Fünftonfolgen noch ein sehr altes musikalisches Erbe wirksam ist.

Und noch eine andere Art von „Liedern unter Kindern“ darf nicht, wie es häufig geschieht, stillschweigend übergangen werden. Gemeint sind die „unanständigen“ Reime und Singzeilen, die bei Erwachsenen häufig solches Entsetzen auslösen, wenn sie mehr oder minder zufällig davon erfahren. Auf dieser Altersstufe werden in der Tat menschliche Ausscheidungen aller Art für das Kind interessant. Es spielt damit und bezieht sie in seine Reime ein. Da sie im Familienkreise, für den diese Sammlung bestimmt ist, auch nach dem Willen der Kinder keinen Raum haben, wird hier mit Absicht nur ein relativ harmloser Vers angeführt (83). Man sollte das Vorkommen solcher Verse nicht dramatisieren und sich nicht unnötig aufregen. Diese Phase, Freud nennt sie die anale, geht vorüber, und selbst der sehr konventionelle Volksliedforscher aus dem 19. Jahrhundert, F. M. Böhme, meint „Naturalia non sunt turpia" – „Natürliches ist nicht unanständig". Und überdies: die meisten Erwachsenen scheinen vergessen oder verdrängt zu haben, daß sie selbst in ihrer Kinderzeit solche Verse sehr wohl kannten und sangen.

„Lieder für Kinder", also solche, die das Kind von den Eltern und im Kindergarten lernt, sind zum Teil die gleichen, die auch „unter Kindern" vermittelt werden. Der märchenhaft-dämonische Strang ist vor allem durch Lieder repräsentiert, die nicht aus sehr ferner Überlieferung stammen, sondern im vorigen oder diesem Jahrhundert meist nach bekannten Märchen, etwa der Brüder Grimm, geschaffen wurden (31, 37, 48, 52, 59, 62, 64). Daneben treten Tanz- und Spiellieder, die vor allem auf Berufe und Tätigkeiten bezogen sind, Nachahmungslieder von Handwerkern und alltäglichen Verrichtungen (76, 84, 88, 96, 97, 108, 109). Sie setzen die schon bei den Liedern für die Kleinstkinder beobachtete Tendenz fort, das Kind singend und spielend in die Welt einzuführen, durch die Spielbewegungen die kindliche Motorik zu verfeinern und das Gedächtnis für Bewegungsabläufe zu schulen. Dazu kommen Natur- und Tanzlieder, die gleichfalls dem Weltverständnis des Kindes dienen (51, 116 o., 118–122, 128, 138, 140, 141, 144 u., 162–164). Wenn diese Lieder gut sind, enthalten sie sich einer vordergründigen Belehrung und platter oder unkindlicher moralischer Nutzanwendung. Gefühle, die das Kind nicht hat – etwa Freude an der Schule oder das Glück der Unschuld – sollte man dem Kind nicht übermitteln; diese Meinung vertrat schon im vorigen Jahrhundert der eben erwähnte Liedforscher F. M. Böhme.
Die Melodien der Kinder, die das Kind in dieser Phase der Entwicklung selbst produziert oder von anderen übermittelt bekommt, sind in mehrfacher Hinsicht differenzierter als früher. Von den 2–4-tönigen, meist abwärtsgerichteten oder kreisenden Melodien der frühen Kindheit entwickeln sich auf- und abgerichtete Tonfolgen im Fünftonraum (92, 120, 158). Statt der ständig wiederholten Reihung von Kleinmotiven erscheinen nun größer angelegte Gebilde, deren Einzelteile durch Kontrast, Wiederholung und motivische Verknüpfung aufeinander bezogen werden (110, 121, 158) und sich auch bis zum Oktavraum ausweiten (51, 107 u., 122). Gleichzeitig entwickelt sich das Gefühl für eine genaue Fixierung und Differenzierung der Einzeltöne. Die Gleitmelodik wird zu Gunsten einer Tonfortschreitung mit zunächst noch ungenauer, dann aber zunehmend genauerer Unterscheidung von Ganz- und Halbtonschritten im Sinne unseres Tonleitersystems aufgegeben. Daß die Dur-Tonleiter dabei vorherrscht, hängt mit unserer westeuropäischen Tradition populärer Musik zusammen.

Nach Vollendung des 6. Lebensjahres ist das Kind körperlich so weit entwickelt, daß es, wenn auch in eingeschränktem Maße, die Betätigungen der Erwachsenen verrichten kann. Auch in seinem Bewußtsein, das von nun an immer stärker der Umwelt zugewandt und von Wißbegier geprägt ist, wird das Erwachsenwerden zum Ziel. In diesem Alter beginnt das Streben nach persönlicher Autonomie und das Bewußtsein der Individualität. Das Ich will sich von der Umgebung abheben. Gleichzeitig lernt das Kind in dieser umweltbezogenen, realistischen Phase allmählich zwischen Wirklichem und Erdachtem unterscheiden. Der Unterschied zwischen eigener Vorstellung und objektiv-realistischer Wahrnehmung beginnt sich auszuprägen. Natürlich sind damit Prozesse angedeutet, die sich über Jahre erstrecken.
Allmählich erst wächst das Kind in dieser Phase der Entwicklung aus seiner egozentrischen, phantastischen, emotional gesteuerten Welt-Anschauung heraus. Mit unentwegten Fragen an die Erwachsenen sucht das Kind Antworten auf das So-Sein der Dinge. Es entwickelt sich ein neuer Realismus, das heißt: Alle Dinge, die beim Kind seelisches Erleben bedingen – ihm gut oder böse, schön oder häßlich, anmutend oder furchterregend erscheinen – sind für das Kind von materieller Bedeutung, wie übrigens in der frühen Geschichte der Menschheit auch. Das Wesen der Dinge steckt im Namen, wer den Namen kennt und nennt, beherrscht das Ding. Das ist „magisches Denken", wie es sich in kindlichen Beschwörungsformeln ausdrückt (68 u., 94, 116 u.). Werden bei 6–7-jährigen noch alle Dinge als belebt angesehen, sind es bei 8–10-jährigen nur solche, die sich aus eigener Kraft bewegen, wie Tiere, Wind und Regen, Sonne und Mond. Es zeigen sich hier die ersten Ansätze logischen Denkens, das sich in dieser Phase – umweltbedingt – früher oder später, schneller oder langsamer entwickelt.

Diese realistische Zuwendung zur Umwelt wird durch neue Kontakte, die das Kind zu Beginn dieser Phase erlebt, entscheidend gefördert: Die Schulzeit beginnt.

Arbeit, Leistung und Pflichten werden nun vom Kind eingefordert. Und mit diesen Forderungen sieht sich das Kind in eine neue Gruppe gestellt, die Schulklasse. Sie ist von der Familie sowie von den nachbarschaftlichen Spielgruppen verschieden wegen der rationalen Zeitstrukturen, dem Autoritätsgefälle im Lehrer-Schüler-Verhältnis und den neuen Methoden gemeinsamen Lernens. Stärker und unausweichlicher als im Freundeskreis und im Kindergarten muß das Kind sich ein- und unterordnen; gleichzeitig muß es sich aber selbst zur Geltung bringen und darf sein Selbstbewußtsein nicht verlieren. Es muß, bewußter und stärker als bisher, soziale Spielregeln lernen. Damit verändert sich auch die frühkindliche Elternbindung. Sie ist, seitdem die Schule als mitbestimmender Faktor auftritt, nicht mehr so ausschließlich. Beiden aber, Schule und Elternhaus, sollte eine Einstellung gemeinsam sein, die dem Kind außerordentlich nützlich ist, weil sie ihm hilft, die Entwicklung der ersten Schuljahre ungestört zu durchlaufen: Eltern und Lehrer sollten, ohne vollkommen auf ihre Autorität zu verzichten, dem Kind noch jene Freiheiten kindlichen Verhaltens zubilligen, die es noch braucht.

All diese psychologischen und sozialen Entwicklungen sind auch für das Lied und das Singen des Kindes von Bedeutung. Zu Beginn oder doch während der ersten Hälfte dieser Phase ist die Fähigkeit zur Tondifferenzierung so weit entwickelt, daß das Kind die gebräuchlichen Intervalle unseres Dur-Moll-Systems richtig – „rein" – singen kann. Lieder, auch solche von größerem Tonumfang und relativ differenziertem rhythmisch-formalem Aufbau, werden nun richtig nachgesungen. Daß dieser Zeitpunkt bei manchen Kindern früher eintritt, ist auf besondere individuelle Förderung im Einzelfall, sicherlich aber auch auf den in den letzten Jahren steigenden Einfluß elektronischer Medien zurückzuführen. Gewissen Beobachtungen zufolge, die aber etwa 20 Jahre zurückliegen, bleiben die Kinder gegenüber einer im Sinne der traditionellen Tonalität gestalteten Mehrstimmigkeit bis ins 7. Lebensjahr gleichgültig, will sagen: sie entwickeln bis zu diesem Zeitpunkt noch wenig Unterscheidungsvermögen zwischen Konsonanzen und Dissonanzen im Sinne einer überkommenen Harmonielehre. Allerdings ist zu fragen, ob diese Altersangabe in Anbetracht der frühen Gewöhnung unserer Kinder an mehrstimmige Musik durch die elektronischen Medien heute noch gilt.

Sowohl bei den „Liedern unter Kindern" wie bei den „Liedern für Kinder" treten in der zweiten Hälfte dieser Entwicklungphase, also ab dem 8. Lebensjahr etwa, die Lieder märchenhaften, beschwörenden, dämonischen Inhalts zurück. Mit der Entwicklung neuen Wirklichkeitsbewußtseins und logischen Denkens gewinnen realistisch informierende Lieder, aber auch Rätsel- und Scherzlieder an Bedeutung: was die Handwerker tun, wie es auf einem Bauernhof aussieht, wie die Wäscherinnen arbeiten, der Fuhrmann den Fährmann überlistet, die Verkehrsregeln eingehalten werden (84, 88, 96, 97; 125, 145; 76, 108, 109).

Entscheidend wird das Lied und das Singen des Kindes in dieser Phase von der Schule geprägt. Der Schulanfänger kommt im Durchschnitt mit einem Besitz von 25 Liedern – in der Familie, von Freunden und im Kindergarten vermittelt – in die Schule. Soweit es sich um ausgesprochene Kinderlieder handelt, werden sie später vergessen. Das in der Schule aber Neuerworbene wird häufig zum Besitz fürs ganze Leben. Die in der Schule auf dieser Entwicklungsstufe vermittelten Lieder zielen zum Teil darauf ab, deutlicher als bisher soziale Wirklichkeit und ihre Spielregeln vorzustellen, auch religiöse Erlebnisse und Einsichten dem Kind nahezubringen; das ist der vom Gehalt des Liedes her bestimmte pädagogische Gesichtspunkt schulischer Liedvermittlung. Zum anderen ist das durch die Schule vermittelte Lied auf dieser Entwicklungsstufe – besonders im Zusammenhang mit Bewegungsspielen – ein wichtiges Hilfsmittel zur Unterweisung im Umgang mit den musikalischen Elementen der Rhythmik, der Melodik, der Form und der einfachen Mehrstimmigkeit; das ist der von der Liedgestalt her bestimmte musikalische Gesichtspunkt der Liedvermittlung durch die Schule.

Zwei Arten des „Liedes für Kinder", die in den letzten Jahren verstärkte Bedeutung gewonnen haben, sind noch zu erwähnen: das sozialkritische Kinderlied und der Kinderschlager. Waren die bisher behandelten Lieder für Kinder darauf abgestellt, in kindgemäßer Form die von Erwachsenen gewünschten Verhaltensweisen zu vermitteln, so ist bei den sozialkritischen Kinderliedern die Absicht ganz anders. Den Grundsätzen antiautoritärer Erziehung folgend, wie sie seit Mitte der 60er Jahre auf breiter Basis praktiziert wurden, will man die Kinder anregen, die soziale Wirklichkeit, in der sie leben, kritisch zu beobachten. Auf ihre Art sollen sie sich dann im Sinne von Gerechtigkeit, Solidarität und individueller Selbstbestimmung mit dieser Wirklichkeit singend auseinandersetzen (124, 141). Die Melodien sozialkritischer Kinderlieder lehnen sich musikalisch und textlich zum Teil an alte Kinderlied-Überlieferungen an (124), zum Teil nutzen sie Kinderliedformeln (141) oder verwerten rhythmische oder melodische Elemente neuerer Unterhaltungsmusik (141). Inwieweit mit solchen Liedern eine begrüßenswerte Erziehung zum eigenverantwortlichen Handeln geleistet oder das sich gerade entwickelnde rationale Weltverständnis zur Indoktrination mißbraucht wird, ist nur im Einzelfall zu entscheiden.

Bedenklich aber ist allemal eine andere, ebenfalls in den letzten Jahrzehnten auftretende Abart der „Lieder für Kinder", der Kinderschlager. Mit pseudokindlichen, schnulzenhaft aufgemachten Liedern sollen möglichst schon die Vorschulkinder an den Schlagermarkt herangeführt werden. Inhaltlich wie musikalisch geben Kinderschlager nichts her, was das Kind in seiner Entwicklung fördern könnte. Solche Produktion ist nur auf schnellen, passiven Konsum angelegt, und das Kind verhält sich zu diesen Kinderschlagern genauso wie zu den anderen Schlagern auch: Es singt eine Zeitlang – häufig nur den Refrain – mit, vergißt den Schlager nach kurzer Zeit und wendet sein Interesse dem nächsten zu, um ihn ebenso schnell zu vergessen. Es bedarf wohl keiner Begründung, daß solche Lieder hier fehlen. Auch der Erwachsenenschlager beginnt um diese Zeit Einfluß auf kindliches Singen zu gewinnen. Doch ist es nicht so, daß das Kind diesen auf oberflächlichen Konsum zielenden Liedern ohne weiteres verfiele. Genauere Beobachtungen kindlicher Singgewohnheiten haben ergeben, daß im Gegensatz zum Schlager die von der Schule vermittelten traditionellen Lieder zum ständigen Besitz werden und immer wieder, häufig ein Leben lang, gesungen werden. Zudem machen diese traditionellen Lieder über die Hälfte (etwa drei Fünftel) des kindlichen Liedbesitzes von Schulkindern aus. Kein Grund also, zu resignieren, sondern im Gegenteil Grund genug, durch intensive Liedvermittlung sich den negativen Einwirkungen des Schlagers zu widersetzen.

Es sollte aber in diesem Zusammenhang deutlich gemacht werden, daß die Schallplatte für Kinder auf dieser Entwicklungsstufe hinsichtlich der Liedvermittlung auch sehr nützlich sein kann. Es gibt viele Schallplatten, die gute Kinderlieder mit ansprechender Begleitung, Bildern und Texten bringen. Sie sind darauf angelegt, die Kinder zum Mitsingen und Lernen der Lieder anzuregen. Sie können in Familie, Kindergarten und Grundschule sehr nützlich sein, denn häufig fehlt es an musikalisch hinreichend vorgebildeten Vermittlern. Hier kann man die Schallplatte zur Hilfe nehmen, indem man sie den Kindern vorspielt; oder der Vermittler lernt das Lied selbst von der Schallplatte und vermittelt es dann persönlich an die Kinder weiter.

Nicht ohne Absicht bietet diese Sammlung neben den Singformen des Liedes auch ein Stück gesprochener Verse, Rätsel und Reime. Wenngleich die Sprachwissenschaftler und Musikethnologen sich einig sind, daß Singen und Sprechen zwei grundsätzlich verschiedene Ausdrucksformen des Menschen darstellen, ist aber auch augenscheinlich, daß sich die beiden Ausdrucksweisen berühren. Im Kinderlied äußert sich das darin, daß manche Melodien ins Sprechen übergehen und – umgekehrt – manche Reime nicht strikt gesprochen, sondern in einem sprechartigen Sington vorgebracht werden. Gerade für die kindliche Lautäußerung ist diese Mischform bezeichnend.

Das Spiel mit Wörtern fasziniert Kinder ebenso wie das Singen. Mit Reimen, die wie die Lieder mit dem Leben des Kindes eng verbunden sind, lernen sie, die Welt zu entdecken, sich in ihr zurechtzufinden. Das Kind hat Freude am Wortklang, an den rhythmischen Versen, es folgt gern der Aufforderung zum Tanzen, Klatschen, Spielen, Singen, Sprechen, Raten, Nachahmen, Flunkern, Scherzen und Necken. Durch häufiges Wiederholen des Textes lernt es, den Text mitzusprechen. Das Interesse und die Freude an der Sprache wird geweckt, der Wortschatz vergrößert, die Sprachentwicklung und somit die geistig-seelische Entwicklung des Kindes gefördert, sein Denken und seine Phantasie positiv beeinflußt.

Verfolgt man die körperliche, seelische und soziale Entwicklung des Kindes, so wird deutlich, wie das kindliche Singen und Sprechen ein Spiegel solcher Entwicklung ist; aber auch wie hilfreich diese beiden Ausdrucksformen für seine Entwicklung sein können. Grund genug, kindliches Singen und Sprechen in allen Entwicklungsphasen zu fördern. Eben dazu möchte diese Sammlung anregen. In diesem Sinne sind auch die Hinweise zu verstehen, die eine musikalische Ausgestaltung der Lieder nahelegen: Die Akkordbezeichnungen wollen die Begleitung der Lieder durch Gitarre, Klavier, Akkordeon oder Heimorgel anregen. Die manchen Liedern beigefügten zweiten Stimmen sind für ein Melodieinstrument gedacht – Holzblas- oder Streichinstrument. Diese Instrumentalstimmen sind in der Regel auch eine Oktav tiefer für Baßinstrumente, wie Cello, Baßblockflöte oder Fagott auszuführen. Auf diese Weise könnte dieses Kinderliederbuch auch zu einem rechten Hausmusik-Buch werden.

INHALT

Alphabetisches Verzeichnis der Lieder

Alphabetisches Verzeichnis der Reime und Rätsel

Da es uns trotz großer Bemühungen in wenigen Fällen nicht gelungen ist, die Rechteinhaber für Text und/oder Melodie einiger Beiträge ausfindig zu machen, ist der Verlag hier für entsprechende Hinweise dankbar.

ENDE